팔순기념집

산벚꽃 필 무렵

이 광 녕 시조·시선집

지성의샘

시인의 말

 필자는 강의 시간에 "시인은 죽을 준비를 잘하는 사람이다, 떨어진 꽃잎은 꽃씨를 품고 있어야 한다"라고 강조하곤 한다. 소동파(蘇東坡) 시인도 "생전부귀(生前富貴) 사후문장(死後文章)"이라고 하였는데, 인생의 황혼기에 가장 값진 족적이요 재산은 정성 들여 창작해 놓은 '글'이 아닌가 싶다.
 어느새 금년에 팔순을 맞이하게 된 필자는, 그 기념으로 그동안 집필해 두었던 시조와 자유시들을 간추려 보고 그중에서 마음에 드는 작품들만을 선별하여 시조·시 선집(時選集)을 상재하게 되었다. 작품 중에는 세상에 내놓기 부끄러운 것들도 있지만, 내 인생 역정이 빚어낸 자화상이라고 생각하여 스스로 위안하며, 용기를 내어 족적을 남겨 둔다.
 나는 음습한 공간에 뿌리를 내리고 우거진 풀밭 사이로 어쩌다 파릇파릇 내미는 미소 짓는 하늘 보기를 매우 좋아하였다. 여기에 실린 나의 글들은 모두 어쩌다 나타나는 그 '하늘'이 지어준 것이다.
 이 부끄러운 글들이 부디 많은 독자들에게 신선한 영적 깨우침으로 다가와, 조금이라도 인생행로의 지침에 도움이 되었으면 한다.

- 2025년 3월, 三益 寓居에서

Contents

■ 시인의 말 · 3

제1장 산벚꽃 필 무렵(현대시조 편)

제1부 꽃세월의 저 웃음
놋주발 닦던 여인 _ 14
지게를 보며 _ 15
송편 빚기 _ 16
도라지꽃 _ 16
꽃세월의 저 웃음 _ 17
변신 _ 17
강 건너 푸른 집 _ 18
찬우물 설중매(雪中梅) _ 19
꺼지지 않는 숯불 _ 20
투정도 사랑인 걸 _ 21
나팔꽃 _ 21
오봉산 적송부(五峯山赤松賦) _ 22
볏짚, 그 세월의 무게 _ 23
초평면 인동초(忍冬草) _ 24
달빛 아래서 _ 25
내린천 래프팅 _ 25
벽련암과 서래봉 _ 26
기다림 _ 27
금실의 꽃 _ 27
오동나무 시집가다 _ 28
산 불 _ 28
매미의 반란 _ 29
탄로(嘆老) _ 29
능소화 _ 29
만대루(晚對樓)에 누워 보니 _ 30
피지 못한 꽃넋들 _ 31

독도(獨島)는 독도(督島)다 _ 32
해우소(解憂所) _ 33
해빙기(解氷期) _ 34
산을 옮긴 두 사람 _ 34
겨울 산행 _ 35
시화(詩花)로 피는 너 _ 35
도드람산의 비밀 _ 36
동화(同化) _ 36
스카이 댄서의 춤사위 _ 37
달에서 그대를 만나다 _ 38
설화(舌禍) _ 38
기찻길 옆 까페에서 _ 39
한여름 자귀나무 _ 39
갈 곳도 모르면서 _ 40
꼬불꼬불 멀미 여행 _ 41
아직도 당신은 _ 41
억새꽃 _ 42
산비둘기 우는 뜻은 _ 43
백두산 부대 방문기 _ 43
휴휴암(休休庵)에 들렀더니 _ 44
송시열 글쎈 바위 _ 45
새벽기도 가는 길 _ 46
내니 두려워 말라 _ 47
팔봉산(八峯山) 등반기 _ 48

제2부 무정도 사랑인 걸
콩밭 타령 _ 50

태백 준령을 넘으며 _ 51
도장(圖章) 타령 _ 52
실향곡(失鄕哭) _ 53
숯 _ 54
금 _ 54
묵언(默言) _ 54
틈 _ 55
나 _ 55
나는 양(羊) _ 55
돌 _ 56
끈 _ 56
문(門) _ 57
을(乙) _ 57
어느날 갑자기 _ 57
너는 복의 근원이라 _ 58
꽃이 핀 이유 _ 59
손녀의 그림 _ 59
그대 앞 우하하 _ 60
부챗살 접어 보기 _ 60
시업(詩業) _ 61
작시고(作詩苦) _ 62
야구공을 보고 _ 62
해금과 쳄발로의 만남 _ 63
대춘부(待春賦) _ 64
인생 이모작 _ 64
해를 안고 오다 _ 65
기도의 응답 _ 65

나만 보는 불로화(不老花) _ 66
도리깨를 보며 _ 66
어느 날 들풀이 되어 _ 66
만동(晩童) _ 67
위대한 똥파리 _ 67
개기월식 _ 67
남한산성 _ 68
네가 무슨 시인이냐 _ 68
너 때문이야 _ 69
웃는 이유 _ 69
허영청(虛影廳) _ 70
연화향(蓮花香) _ 70
호박꽃 _ 70
아버지와 소래염전 _ 71
가시연꽃 _ 72
숲에 대한 그리움 _ 72
무정도 사랑인 걸 _ 73
사모곡(思母哭) _ 73
요즘 익선공(翼蟬公) _ 74
내 영혼의 무게 _ 74
이 세상 어딘가에 _ 75
청량산 등반기 _ 76

제3부 산벚꽃 필 무렵

추풍선(秋風扇) _ 78
군불 때기 _ 78
어디선가 날 보네 _ 79

Contents

나비를 날리며 _ 79
대못질 _ 79
윤범이 오는 날 _ 80
소리산 _ 81
백야(白夜) _ 81
촉석루에 앉아 보니 _ 82
지렁이 _ 82
월하(月河) 스승님을 그리며 _ 83
발리, 워터블루에서 _ 83
동녘의 노래 _ 84
저만치 앉아보니 _ 85
소풍객 천상병 시인 _ 85
공(空)에 들다 _ 86
窮은 窮이었다 _ 86
불굴가, 그 영원한 혼불 _ 87
대은공 묘역에서 _ 88
「불굴가」 시조비를 세우고 _ 88
판옥선 갑판에서 _ 89
산문(山門)에 들어서며 _ 90
정 그리워 _ 91
서울의 달 _ 92
카렌족 여인을 보고 _ 92
치앙라이 백색 관음상의 참빛 _ 93
왓롱쿤 백색 사원의 비경 _ 93
틈 속에서 빛을 보다 _ 94
빛의 편견 _ 94
개망초 _ 95

분 꽃 _ 96
꺾어 주기 _ 96
자비(慈悲) _ 97
발리, 캄보쟈꽃 앞에서 _ 97
어느 하늘 아래서 _ 98
수종사(水鐘寺) _ 98
시조가인(時調佳人) _ 99
당구를 잘 치는 법 _ 99
어부의 충고 _ 100
농월정(弄月亭)에서 _ 101
산벚꽃 필 무렵 _ 102
제비꽃 _ 102
팔남매사랑(八男妹舍廊) 방문기 _ 103
나무꾼과 선녀 _ 104
평화의 꽃삽을 뜨며 _ 105
애국가를 4절까지 _ 106
무덤덤 _ 106
호박꽃을 그리며 _ 107
삼성혈(三姓穴) _ 107
시조의 흐느낌 _ 108

제4부 바람 따라 섭리 따라

제주 추사(秋史) 유배지에서 _ 110
바람 따라 섭리 따라 _ 111
바가지 띄워 주기 _ 112
악포(鰐浦)의 비명 소리 _ 113
우정 _ 113

빼앗긴 황실 미소 _ 114
맹꽁 서생의 문심(文心) _ 115
두만강가에서 너를 보다 _ 116
아! 연변 문우님들 _ 116
남루를 벗다 _ 117
굽힘의 미학 _ 117
소심지활(小心地滑) _ 118
일송정 올라보니 _ 118
서툰 눈길 밝게 열면 _ 119
물단지 꿀단지 _ 119
달빛과 나 _ 120
농다리를 건너가며 _ 120
쪼그린 상사화 _ 121
어느 날 불현듯 _ 121
애마(愛馬), 차씨(車氏)에게 _ 122
어디가나 차단기 _ 123
단소승자(端笑勝者) _ 123
갇힌 자의 축복 _ 124
질경이 _ 124
낙엽이 지는 이유 _ 125
지리산(智異山) 문학관 _ 125
아름다운 동행자 _ 126
구멍 _ 126
백두산 천지에서 _ 127
백두(白頭)로 가는 길 _ 127
오이 닮기 _ 128
울 안의 축복 _ 128

외양간 미리 고치기 _ 129
지금 여기 서 있다 _ 130
파천무(破天舞) _ 130
사진 속의 꽃미남 _ 131
검버섯 _ 132
복날 오후 풍경 _ 132
돌 던지는 사람들 _ 133
고슴도치의 딜레마 _ 133
차창 안에 갇힌 파리 _ 134
행복 계산법 _ 134
발가락에 별 들은 날 _ 135
'시조 부흥'의 불씨를 지피며 _ 136
시조향은 그윽한데 _ 136
'때문에'와 '덕분에' _ 137
나만 보는 불로화(不老花) _ 138
눈물의 무덤 _ 138
딱하다 _ 138

제5부 어느날 시선(詩仙)되어

채송화를 보려면 _ 140
더하기와 빼기 _ 140
무서운 가방 _ 140
입 벌린 농구 골대 _ 141
고덕산은 고독산 _ 141
그냥 마냥 _ 142
낙화암의 붉은 꽃잎 _ 142
사랑꽃 진달래 _ 143

Contents

도담 삼봉 _ 143
솔바람차를 마시며 _ 144
허(虛)박사의 달빛 사랑 _ 144
어느 날 시선(詩仙)되어 _ 145
거미가 낫다 _ 145
속 썩은 고목나무 _ 146
암(癌) _ 146
허씨(虛氏)네 가족 _ 146
시궁이후공(詩窮而後工) _ 147
웃지요 _ 147
공 _ 147
요람기(搖籃記) _ 148
돼지는 하늘을 볼 수 없다 _ 149
매듭 풀기 _ 150
수련에게 _ 150
눈물이 짠 이유 _ 151
아름다운 이름은 _ 152
둥지 틀기 _ 152
철사옷걸이 _ 153
이생몽유록(李生夢遊錄) _ 153

돌 하나 _ 154
돌화살촉이 하는 말 _ 154
상사화(相思花) _ 155
어머니는 살아계시다 _ 155
어머님 얼굴 _ 156
부딪침의 원리 _ 157
마라도는 말한다 _ 157
제주 돌담 _ 158
월령리 선인장 _ 158
겨울 산채 _ 159
'아프다'에 대하여 _ 159
나무지팡이 _ 160
노고단에 올라 보니 _ 160
사비궁을 돌아보며 _ 161
시조비 세운 공덕 _ 162
훨훨 날고 싶어라 _ 163
문학사의 높은 별, 석북(石北) 선생 _ 164
아, 동춘 시인 _ 165
시천(柴川)에 용(龍) 솟음치다 _ 166

제2장 사금파리의 혼불 (자유시 편)

제1부 투명한 날의 자화상

투명한 날의 자화상 _ 170
몰래 울보의 훔쳐보기 _ 171
중생기(重生記) _ 172
나무는 눕지 않는다 _ 173
보신탕 끓이는 법 _ 174

표류기(漂流記) _ 175
실일(失日) _ 176
용서(容恕) _ 177
부활의 새벽 _ 178
아름다운 시작 _ 179
나의 명언, 군자(君子)는 _ 180
새벽 강가에 서서 _ 181
굳이 갈 양이면 _ 182
끊어진 가야금줄 _ 184
묏버들 애무가 하늘까지 _ 185
도둑과 시인 _ 186
내가 산을 좋아하는 이유 _ 187
발 _ 188
당신이 오기까지 _ 189
그대, 긴 여로에 _ 190

제2부 당신의 향기 묻어

당신의 향기 묻어 _ 192
먼 옛날 이야기 _ 193
물단지, 꿀단지 _ 194
김밥을 먹으며 _ 195
다윗처럼 _ 196
낮은 데로 앉으세요 _ 198
바보를 사랑하는 이유 _ 200
잡초(雜草) _ 201
매[鷹] _ 202
지하철 역에서 _ 204

겨울 여자 _ 205
바닷가에서 만난 아이 _ 206
해돋이를 위하여 _ 207
소라 껍질 속에 _ 208
오디를 따 먹으며 _ 210
버리고 떠나기 _ 212
전멸(全滅) _ 213
바람 IV _ 214
낙엽끼리 모여 산다 _ 215
실로암 샘물가에서 _ 216
장안 풍경 _ 217
잡초 II _ 218

제3부 진달래꽃을 그리며

진달래꽃을 그리며 _ 220
위험한 촛불 _ 221
쌍십자가의 군기를 높이 들고 _ 222
에티오피아 아이들 _ 224
맷돌질 _ 225
개망초 _ 226
고슴도치의 딜레마 _ 227
연기설(緣起說) _ 228
화투(花鬪) _ 229
코드 _ 230
여자가 오래 사는 이유 _ 231
님은 아시나요 _ 232
연리지의 몸짓 _ 233

9

Contents

망각(忘却)의 축복 _ 234
바람이 그러하듯이 _ 235
달맞이꽃의 고백 _ 236
눈물은 강한 자를 만든다 _ 238
오후의 교실 _ 240
질경이 _ 241
풀꽃 연정 _ 242

제4부 하늘로 띄우는 편지

아버님 사진 놓고 _ 244
당신은 나의 생명입니다 _ 246
슬픈 하늘 _ 248
당신은 누구신가요 _ 249
아버지의 눈물 _ 250
파혼(破魂)의 노래 _ 252
부대 앞을 지나며 _ 253
이모님 성묘기 _ 254
도리깨질 _ 256
아들의 뒷모습 _ 257
나의 향리(鄕里), 소래포구 이야기 _ 258
구겨진 송편을 먹으며 _ 260
사금파리의 키스 _ 261
하늘로 부치는 사진 세 장 _ 262
전선에 있는 아들에게 _ 266
요람기 세 가지 _ 268

망향기(望鄕記) _ 269
하늘로 띄우는 편지 _ 270
아버지의 수수깡 울타리 _ 272

제5부 사금파리의 혼불

속절없는 바람이었구나 _ 274
어미소 같은 사랑 _ 275
사랑의 기쁨 _ 276
그대의 빈 자리 _ 277
바다가 보이는 교실 _ 278
사금파리의 혼불 _ 280
자존심에 관하여 _ 281
고운 이름 수정이에게 _ 282
어쩌다 수수밭을 보고 _ 284
가리산 _ 286
대부항의 파천무(破天舞) _ 287
무학은 간월암에서 달을 훔치고 _ 288
검은여의 사랑 _ 289
아즈만(Azman)군에게 _ 290
남동 갯벌을 잃고 _ 291
금강산 망양대에서 _ 292
마지막 인사 _ 294
비익조(比翼鳥) 되어 _ 295
암벽 타기 _ 296
촌뜨기 메아리 _ 298

■ 〈부록〉 팔순기념 인문학 특강 자료 / 문인의 자세와 선비정신 · 299

제1장

산벚꽃 필 무렵

(현대시조 편)

제1부
꽃세월의 저 웃음

놋주발 닦던 여인

천년 한을 씻는가 공허함을 빚는가
동지섣달 긴긴 밤에 호롱불 밝혀 놓고
녹슬은 중년 여심을 돌려 닦던 여인이여.

가슴 아픈 사연이야 달빛이야 아는가
놋주발 푸른 녹에 땀방울로 한 쏟아
빛살로 사랑 일구던 미소 짓던 여인이여.

님 그리는 고운 손길 속 감추인 사랑인가
문설주 섬돌 아랜 찬 서리로 깔리는데
놋주발 금빛 사이로 비쳐오던 여인이여.

지게를 보며

쿵쿵 찧는 중량감에 터질 듯한 작은 가슴
힘겨운 보릿고개 당긴 멜빵 추스리고
짓눌린 굽이진 세월 허위대며 넘어왔네.

두 어깨엔 무거운 짐 걸음마다 천금인데
한시름에 비틀비틀 작대기로 지탱이면
아버님 싸리꽃 미소 나를 당겨 일으켰네.

이제는 내 바소쿠리 남의 짐도 실어야지
두엄터 밭뙈기마다 기다림이 가득하니
구슬땀 버무린 정을 듬뿍 쏟고 와야겠네.

송편 빚기

달빛 안은 집집마다
달빛 닮은 송편 빚다

섬세한 손길마다
예나 같은 정성인데

솔잎 쪄 부푼 향내는
고향길을 먼저 연다.

도라지꽃

보랏빛 고운 미소 그리움 수를 놓고
산내음 날로 먹고 퉁기면 서러울 듯
행여나 그냥 가시나 되붙잡는 그 손길.

꽃세월의 저 웃음

산 너머 그린 마음 고운 꿈 단지 담아
신잡 살림 둘둘 말아 둥지 틀던 꽃동네
달빛도 몰래 감기는 꽃잠자던 그 지붕밑.

발자국 먼저 알고 문고리 열던 아내의 손
풋정도 고인 맛에 아삭아삭 사랑인 걸
불현 듯 사진첩 펼치니 꽃세월의 저 웃음.

(1975)

변 신

세월이 몸져누워 신음으로 타는 밤
운명이 베게를 베고 설운 밤을 지새웠다
등잔불 심지를 돋아 그리움을 태웠었다.

타는 가슴 떨리는 손 조여드는 겨운 침묵
아픔의 의미로는 새벽 초인 그려 봤다
두둥실 여명에 올라 고운 미소 띄워 봤다.

(1995)

강 건너 푸른 집

황톳길 접어들면 물총새도 반기더니
산조차 돌아앉은 희뿌연 고향 마을
솔바람 진달래꽃은 불러보면 꿈일레라.

꽃향기 일렁이는 강 건너 저 하늘 밑
꿈이라도 좋겠네 탁한 세월 벗는다면
외로이 강둑에 서서 고운 이름 불러보네.

강 건너 푸른 집엔 나부끼는 그대 사랑
여린 손 휘저으며 나직이 불러보면
고운 님 청산마루에 미소짓는 그 얼굴.

(1998)

찬우물 설중매(雪中梅)

열려문 드는 기분 찬우물 고개 넘어
관악 정기 서린 마을 김씨가문에 우뚝 서니
평생을 수절하신 뜻 설중매로 곱게 피다.

어릴 때 나의 추억 차곡차곡 쌓아 주신
고모님 조카 사랑 아버님을 뵈옵는 듯
거친 손 휘인 멍에에 제 가슴이 저밉니다.

오이 배추 콩밭 갈이 흙냄새로 일군 인생
서리서리 맺힌 한은 꽃향기로 날리시고
청상의 그 주름 펼쳐 무병장수 하옵소서.

(2001년 과천 찬우물 고모 팔순 축시조)

꺼지지 않는 숯불

이승의 인연 없는 남편 따라 오직 한 길
청상으로 숯골 마을 윤씨 가문 지켜내니
억새풀 흔들리어도 뿌리만은 곱습니다.

가슴앓이 혼자서 뒤척이다 여윈 세월
죽을 고비 몇 번인가 모진 바람 이기시니
꺼질 듯 꺼지지 않는 숯불처럼 탑니다.

가녀린 소녀 마음 숯불 같은 그리움에
못난 조카 보고싶어 생신 날만 꼽으시니
아버님 뵈옵는 듯이 백수천수 누리소서.

(2001년 인천 숯골 고모 생신 축시조)

투정도 사랑인 걸

먹구름이 그려놓은 비웃음을 지우려다
고운 손엔 가시 박힌 서러움이 해맑구나
입술엔 봉긋한 미소 숨어 피는 초심의 꽃.

울먹이며 잡은 손은 정겹기도 하건마는
톡톡 튀는 시샘만은 튕겨나는 풀잎 같아
미운 정 곱게 여무니 투정도 사랑인 걸.

나팔꽃

얼룩진 달빛이야 실바람에 날리우리
햇살의 잦은 어깨를 살짝 딛고 일어나
여린 손 가는 소매로 후려 감는 긴 그리움

부끄럼의 줄타기엔 널 놓고도 좋아라
넌지시 살짝 내미는 보랏빛 꽃 보조개
촉촉이 정 묻어나는 아침 여는 고운 님.

(2004)

오봉산 적송부(五峯山赤松賦)

소양호 젖줄 내린 자애로운 오봉산
오르는 길 순하다가 가끔씩 심술 궂고
암벽엔 놀라운 생명 노송 하나 버티다.

기다림에 지친 세월 소나무로 환생하여
침묵으로 모진 풍상 바위 틈에 이겨넣고
그리움 끈기로 엮어 산허리에 둘렀다.

홰치는 새벽마다 다가오는 속연이여
층층이 푸른 솔잎 소양 바람 보듬고
높은 뜻 이승을 깨워 누리누리 펼친다.

머리 숙여 덕업으로 토해내는 아픔이여
해와 달 흐른 자리 탈속으로 붉었으니
아프면 성숙한다는 섭리로나 살라 한다.

(2007)

볏짐, 그 세월의 무게

끙끙끙 어린 마음 천근만근 무거워서
휘청휘청 비틀비틀 쓰러질 듯 뒤뚱뒤뚱
깡마른 여린 동심은 눈물 세월 힘겨웠네.

짊어진 숙명인가 업이 지은 천형인가
흔들려야 꽃 핀다고 하늘 소리 들려오니
서로움 넘쳐흘러도 작대기로 버티었네.

어깻살 핏멍 들고 허리뼈 휘어지고
기진맥진 피땀 범벅 삭신이 쑤셔대도
어머니 이끄는 손길로 하늘 보고 살아왔네.

(월간문학 2025. 2월호 게재)

초평면 인동초(忍冬草)
― 화산리 정화신댁 방문기

세월이 얼어붙어 강심도 무정한데
시심은 일찍부터 진천으로 내려오고
화신(花信)은 고대하다 새벽 따라 나섰다.

초평호수 굽어보는 그림 같은 화산 마을
좋은 사람 정화신(鄭華新)* 아내 사랑 둥지 틀어
그 손길 성(聖) 누가 닮아 하늘문도 열었다.

흔들리는 세월 속에도 소망은 벙그나니
초심(草心)의 지극정성 청람빛 꿈을 이고
눈 속에 온정 꽃 피워 송이송이 향(香)이었다.

* 정화신(鄭華新) : 새벽동인 함동진 시인의 매제(妹弟)

(2004)

달빛 아래서

이럴 땐 마음 한번 휘어보면 어떨까
엇갈린 인연의 끈 다시 당겨 이끄는 손
꿈속의 노을이었네 흐느끼는 이 행보.

내 스스로 잔 비우고 지어보는 이 쓸쓸함
힘겹게 다독여 온 서슬 퍼런 세월 속에
달빛도 슬픔이었네, 허물 벗는 내 그리움.

(2004)

내린천 래프팅

무슨 사연 숨겼길래 북쪽으로 흐르는가
굽이치는 푸른 강물 이 강산의 젖줄인데
예 오면 생기 솟아라 젊어지는 내 가슴.

난생 처음 강 래프팅 겁먹고 올라타니
급류타기 노 젓기도 합심하니 스릴 만점
강심에 노심 풀어서 어화둥둥 만끽했네.

(2006)

벽련암과 서래봉

벽련암 오르는 길, 정적 가득 호젓하고
미풍 속에 손 내미는 오색 단풍 수줍은데
귓가엔 들릴 듯 말 듯 물소리만 가냘프다.

선원문 들어서니 천계인가 선계인가
청죽 단풍 고운 단장 연꽃 속에 앉은 듯이
양지녘 제비집 같은 벽련암이 제격이라

위를 보니 우뚝 솟은 벽공 속의 서래봉
병풍인 듯 써레인 듯 천성벽이 내려온 듯
벽련암 보듬어 안은 그 비경에 넋을 잃다.

* 벽련암(碧蓮庵)과 서래봉 : 벽련암은 내장산의 내장사 오른쪽 위에 위치하고 있는 암자로서, 그 뒤로는 써레 모양을 한 서래봉의 암봉이 일품이어서 내장산의 으뜸 경치로 손꼽힌다.

기다림

달빛 있어 서럽지야 숨어서 타는 가슴
어쩌나 달려만 가는 빈 공간의 이 흔들림
사르르 실눈 감으면 목이 빠진 긴 세월 뿐.

금실의 꽃

천생연분 곰실곰실 나도 몰래 손이 가서
발가락 끌어 당겨 만져대며 볼 비비니
호호호(好好好) 발가락 사이에 금실의 꽃 붉게 폈네.

오동나무 시집가다

실향의 아픔만큼 옷깃마저 처연한데
쫓겨나듯 따라나선 자줏빛 화관 아씨
낯선 땅 거친 바람에 거문고도 서럽구나.

외로움 고이 접어 장롱 속에 숨기면서
아직은 간직한 꿈 앙가슴에 매어 다니
얼비친 부활의 넋이 같이 살자 부른다.

산 불

산은 나를 불러 두팔 벌려 오라는데
님은 멀고 멀어 애간장만 타는 행보
나홀로 산 술래 되어 휘청이며 오릅니다.

묏부리 구름 따라 청솔가지 향내 따라
님을 찾아 나서는 길 타는 가슴 진달래꽃
그리움 불씨가 되어 산불로나 번집니다.

매미의 반란

불가마 찜통 더위에 잠 못 드는 한여름밤
매미란 놈 떼거지로 새벽부터 악을 쓰니
바람난 풍림의 명창 독주 마신 시위꾼들.

탄로(嘆老)

금강굴 오르는 길 예전 오고 또 와 보니
마음은 앞서 가되 발걸음은 제자리네
땀 범벅 퍼져 앉으니 다람쥐가 비웃네,

(2006)

능소화

주홍빛 고운 소원이 발돋움해 섰습니다
낮 햇살 칭칭 감고 사랑 한줌 훔치다가
수줍어 얼굴 붉히는 속정 깊은 여인이여.

만대루(晩對樓)에 누워 보니

오솔길 돌고 돌아 강변 따라 푸름 따라
꽃뫼를 등에 지고 돌아앉은 병산서원(屛山書院)
서애(西厓)의 물빛이 흘러 그림처럼 앉아있네.

푸르기는 꿈결 같고 맑기는 묵향 같아
병풍을 둘러친 듯 선경을 펼쳐논 듯
백로는 하늘을 물고 백사장을 파수하네.

떠다니는 먼 세월도 예 오면 멈칫해라
두보(杜甫) 시 읊조리며 만대루에 누워보니
시선(詩仙)이 옷깃을 당겨 가지 말라 붙잡네.

(2005)

* 만대루(晩對樓) : 병산서원(西厓 류성룡이 제자를 가르치던 안동의 사액서원)의 중심 누각. '만대(晩對)'는 두보(杜甫)의 시 「백제성루」에 나오는 '푸른 절벽은 오후 늦게 대할 만하니(翠屛宜晩對)'에서 따온 말.

피지 못한 꽃넋들

말해다오 못다 한 말 몸바쳐 던진 꽃넋
동작 능선 잔디밭엔 푸르름이 한창인데
한맺힌 아우성들은 허공 위에 맴도네.

피눈물이 거름되어 금잔디로 피었구나
꽃 한송이 받쳐들고 용사 앞에 조아리니
비명이 하소연하며 눈물 범벅 붙잡네.

하늘은 아직두야 저렇게도 쪽빛인데
어찌하여 고요 속은 핏빛으로 물들었나
돌비석 어루만지며 추모의 정 흩뿌렸네.

(2005. 6. 3 학생 동반 헌화 참배)

독도(獨島)는 독도(督島)다

꿈속에 입맞춤이 바람 불어 차가운 날
막내의 서러움이 동쪽 끝에 서려 있다
동햇물 흔들지 마라 멍든 가슴 터질라.

하늘 닿은 태극 기운 뿌리 뻗은 배달의 혼
천기를 받아 먹고 거친 파도 고르면서
칼바람 모진 세월을 알몸으로 지켜왔네.

남의 것 호시탐탐 떼를 쓰는 날강도야
침탈 근성 허리 차고 먹구름을 끌어당겨
탯줄을 자르고서야 속이 후련 할 터인가.

얕보고 칼로 치면 한반도의 피가 솟네
망망대해 한가운데 오똑 솟은 땅 지킴이
외로움 뒷발로 차며 꿈쩍 않고 버티려네.

(2005)

해우소(解憂所)

주섬주섬 꿀꺽꿀꺽 이것저것 욕정 따라
꾸역꾸역 삼키지만 부풀수록 허허로와
입벌려 차면 찰수록 거북스런 그 단단함.

삶이란 돌고 돌아 제자리로 가는 여정
따순 온기 쏟아놓고 후미져서 서럽더니
오늘도 또아리 틀고 오들오들 떨고 있네.

애당초 빈손으로 가진 것 없었기에
비우리 버리라 큰 입 벌려 안으면서
언제나 침묵 하나로 기다리는 해우소.

해빙기(解氷期)

앵토라져 앉았어도 추억은 칭칭 감겨
칼바람 서럽지만 얼음장을 밀고 가네
긴긴 말 갇혔던 설움 이제야 풀리려나.

잔설 바람 눈꽃일랑 갈피 속에 접어두자
지그시 눈 감으면 설운 입김 스미지만
삼월은 떠밀려 다시 봄빛으로 다가서네.

(2005)

산을 옮긴 두 사람

도망가던 시어들이 산 속에 숨어 있다
물소리 멈춰서고 산행길엔 잔설인데
능선은 기우뚱하며 젖가슴을 출렁이네.

일심동체 하나 되어 호호 불며 맞잡은 손
솔솔이 부는 바람은 등 떠밀며 배웅인데
묏부리 그윽한 숨결 산울림도 따라오네.

(2005)

겨울 산행

겨울 산 올라보면 외로운 게 병 아니다
옷벗은 나무손들 휘청일 때 잡아주니
칼바람 살을 에어도 마음밭엔 훈풍이라.

바위 뚫고 솟은 적송 하늘 향해 뻗은 기운
소나무가 시를 쓰고 솔바람이 낭송하니
설한풍 시린 세월이 눈물 밖에 섰구나.

시화(詩花)로 피는 너

못견디는 시샘들이 갸웃하는 밤 허리
내 뜻이 아니라서 정은 말을 잊었구나
야화(夜花)여 어찌 할거나 흐느끼는 그리움아.

눈을 뜨면 아린 가슴 눈감으면 동방화촉
잡힐 듯 꿈길 여행 기척 없는 고운 님아
어이해 한밤 가득히 시화(詩花)로나 피는가.

(2005)

도드람산의 비밀

얕보고 올랐다간 칼바위에 혼쭐나네
어기적 엉금엉금 휘청휘청 아찔아찔
바위맛 맵다 하더니 올라 보니 절경이라.

불효자도 효자 되니 도드람에 올 일이다
어디선가 들려오는 멧돼지의 울음소리
돋울암 정상에 오르니 효심이 불끈 솟네.

(2005)

* 도드람산 : 경기도 이천 마장면에 있는 산(349m). 일명 '저명산(猪鳴山)', '돋(돼지) 저(猪)', '울 명(鳴)'으로 '돋울음산'이 변하여 '도드람산'이 됨. 옛날 한 효자가 절벽에 매달려 석이버섯을 뜯다가 멧돼지 울음소리를 듣고 이상히 여겨 절벽 위에 급히 올라가 보니, 몸을 매단 밧줄이 바위 모서리에 닳아 거의 끊어져 가고 있었다. 산신령이 멧돼지를 시켜 효심이 뛰어난 효자의 목숨을 구했다는 전설이 전해지고 있다.

동화(同化)

산에 들면 산 사람 내게 들면 내 사람
물소리 바람소리 함께 걷는 오작교
꽃 들고 내 손 잡으니 내 속 안에 꽃이 피네.

(2005)

스카이 댄서의 춤사위

어쩌다 발목 잡혀 푸른 하늘 못 나는가
앙가슴에 차오르는 세찬 바람 그 출렁임
솟구쳐 붙잡아 보리 잡힐 듯한 저 구름꽃.

부러졌다 일어서는 네 가슴은 하늘 심지
거친 숨결 몰아쉬고 하늘하늘 나풀거리다
세상 뙤 울타리 너머로 그려보는 재기의 꿈

바람아 풀지 못한 하늘 닿은 네 영혼아
곤두박질하다 후드득 뻗쳐오르는 너의 넋은
죽었다 피어오르는 하늘 닮은 내 그리움.

(2007)

달에서 그대를 만나다

뒤척임도 정일진대 달빛 타는 붉은 연심
안으로만 곰삭여 온 사랑 심지 혼자 켜고
님 계신 공산명월에 밤을 새워 달려가네.

산 능선도 벽이던가 달빛 가린 천추의 한
언약의 돋움 날개로 월궁으로 떠서 가니
꽃가마 치마폭으로 반겨 맞는 하늘 직녀.

설화(舌禍)

풍랑이 심하구나 흔들리는 이 지축
이훌랑은 열지 마오 입방정이 구렁인 걸
'十'(십자)를 '×'(엑스)로 본다면 그대 입은 지옥문.

기찻길 옆 까페에서

촛불도 우는구나 그리움도 깜빡이네
동행하는 그림이야 하늘벽에 걸렸는데
여름밤 기찻소리에 끌려가는 사모의 정

망각은 은총인가 천추의 한 가시려나
철길 옆 오작교역 아스라이 멀고 먼데
칵테일 붉은 정열에 녹아드는 기적소리

(2004)

한여름 자귀나무

층층이 벌린 가지 총총 맺힌 푸른 잎새
밤이 되면 나래 접어 제 짝 찾아 합환하니
파르르 단꿈에 젖어 금실자락 뽐내도다.

향기로도 취하누나 하늘 향해 퍼진 꽃술
순정에서 열정으로 송이송이 터졌으니
분홍빛 벙근 사랑에 청사초롱 불 밝혔다.

(2004)

갈 곳도 모르면서

골 깊은 물소리는 산 밖으로 흐르고
산새 소리 푸릇푸릇 나뭇잎에 묻었는데
스치는 솔바람 소리 내 마음을 흔드네.

머물던 꽃구름은 흔적조차 없구나
숨찬 세월 굽이굽이 왜 그리도 허기졌나
꿈 많던 푸른 시절은 바람수레 타고 가네.

어디쯤 가고 있나 어디로 가고 있나
한 치 앞도 모르면서 아무 것도 모르면서
이대로 그냥 이렇게 섭리 따라 흘러가네.

(2005)

꼬불꼬불 멀미 여행

아들 생각 전방 구경 부풀었던 출발인데
모처럼 산 나들이 고운 꿈은 어디 가고
길 따라 산 꼬불꼬불 멀미라니 웬 말이오.

울렁이는 당신 모습 보고도 못 본 듯이
인정 사정 볼 것 없이 적토마는 달렸으니
버티고 이겨낸 모습 산나리꽃 닮았구려.

(1998)

아직도 당신은

수줍어 돌아설 듯 두 손으로 가린 미소
건드리면 터질 듯이 늦가을에 더 피더니
아직도 휘어감기는 꿈결 같은 고운 님.

잡아보는 그 손끝엔 짜릿한 고운 숨결
된서리 모진 세월 가슴으로 녹이더니
아직도 끈끈한 정이 꽃향기로 피는구려.

(2004)

억새꽃

넘어질 수 없음은 그리움 때문이야
모진 세월 서러움이 꽃술로 타오른다
지친 손 핏멍 들어도 기다리며 사는 거다.

그리운 마음일랑 하늘 한쪽 걸어 두고
출렁이는 고운 정을 눈으로만 말하다가
속마음 바람에 날려 때로는 잊는 거다.

메말라 조인 가슴 다발로 타는 연정
갈대처럼 흔들리나 뿌리는 곧고 깊어
황토밭 청보리 위로 다시 떠서 피는 거다.

누구야 이리도록 눈감지만 잊힐리야
고운 정 고인 맛이 산들산들 피는 사랑
그리움 홀씨로 번져 그대 품에 안기리다.

(2006)

산비둘기 우는 뜻은

산비둘기 그 울음은 울엄니의 호원(呼冤)이다
넘어질라 조심해라 어딜 가나 비는 모정
눈물로 밥 말아 주시던 어미사랑 그리워라.

생전에 멍든 가슴 언제나 펴시려나
젖먹이 두고 가신 통한도 다 못 묻어
이승을 떠나지 못해 슬피 우는 구구구.

백두산 부대 방문기

고향을 찾아온 듯 부대 정문 들어서니
강산은 네 번 변해 상전벽해 되었구나
노병은 죽지 않았네, 솟구치는 '백호' 소리

위병의 '받들엇총' 벽공을 찌르는데
옛 향수 그리워서 병영 안을 기웃하니
전우들 간 곳을 몰라 쓸쓸히 발길 돌렸네.

(1998. 7. 27)

휴휴암(休休庵)에 들렀더니

하조대 물빛 안고 휴휴암에 들렀더니
여독은 멀리 가고 실눈은 휘둥그레
숨겨둔 동해 비경에 발걸음도 멈춰섰네.

바닷물 들락날락 돌무덤도 출렁출렁
누워서 쉬고 계신 관음상도 나투시니
그 뒤로 거북바위가 기도하며 따라붙네.

발 바위 주먹 바위 신전 같은 너럭 바위
동해안 천릿길에 이런 비경 있었던가
파도는 번뇌를 씻고 쉬며 쉬며 가라하네.

(2007)

송시열 글씐 바위

풍랑도 쉬어가는 깎아지른 기암 해변
팔십삼세 외로움이 석벽에 붙었구나
덧없다 말하지 말자 어제가 오늘인 걸.

한 시절 몸부림이 예 와보면 다시 뜨네
고명한 긴 수염은 깎지 말고 지키세나
불타는 떨기나무는 재가 되지 않는다네.

  * 송시열 글씐 바위 : 보길도 동쪽 끝 백도리 해변의 암벽. 83세의 우암 송시열이 숙종 때(1689년) 왕세자 책봉을 반대하는 상소를 올렸다가 임금의 미움을 사 제주로 귀양가게 되었는데, 가던 중 풍랑을 만나 보길도에 상륙하여 풍광 좋은 이 해변 석벽에 유배 가는 자신의 심경을 한시로 새겨놓은 곳임 (고산 윤선도를 보길도 귀양살이로 내몰았던 송시열이 말년에 귀양살이를 떠나다 머문 곳도 보길도이니, 윤선도와 송시열의 악연은 참으로 운명적이다).

새벽기도 가는 길

못 본 척 못 들은 척 세상 허울 벗어놓고
영혼이 내려앉아 뒤척이며 꿈꾸는 밤
단잠은 은총이었네, 잠꼬대는 기도였네.

성령께서 깨우시니 눈 비비며 나서는 길
모난 곳 깎아내고 욕정도 다 훌훌 털고
축복의 찬송 부르니 발걸음도 가벼웁네.

새벽에 날 보리라 그 목소리 어디선가
온몸을 낮추고서 어둠 속에 빛을 찾아
출애굽 그 마음으로 성전으로 달려가네.

(2005)

내니 두려워 말라

소망의 배를 타고 구원으로 나가는 길
거센 풍랑 밤바다는 무섭기도 하여라
빠질까 두려워하며 안절부절 못하네.

교만의 뿔 잘라내고 의심 말라 하였거늘
세상 빛 좇아가다 흑암 속에 허덕이니
찾나니 주님의 손길 나를 구원 해주소서.

소원의 저 항구는 멀고도 아련한데
칠흑 같은 이 어둠 속 쓰러지며 허위대니
내 있다 두려워 말라 손 내밀며 오시네.

팔봉산(八峯山) 등반기

몰라보니 미안하네 서해안의 명산인 줄
강풍을 걸러내는 팔봉의 너털 웃음
서산 땅 상서로움이 예에서 뻗쳤구나.

솔바람 가쁜 숨결 밧줄 타고 허위허위
통천문 구멍 바위 천국 계단 올라보니
펼쳐진 태안반도는 천하절경 수 놓았네.

억만년 풍상 겪은 말이 없는 기암괴석
병풍을 둘러친 듯 속진을 삼키는 듯
해풍도 순풍이 되어 머물거라 손짓하네.

(2006)

제2부
무정도 사랑인 걸

콩밭 타령

해거름도 주워 먹고 풋풋함도 주워 먹고
통밭두렁 외등 켜고 콩깍지를 코에 대니
나더러 들풀이란다 콩잎에다 시를 쓴다.

된 걸음아 멈춰주렴 달아나는 저 청산아
고추밭 살풋함도 서리 맞고 떠났는데
콩밭엔 알콩달콩한 콩서리로 불지핀다.

콩콩콩 튀는 가슴 여문 고비 긴 그리움
콩알은 콩알대로 콩깍지는 깍지대로
태질로 고향이로세 콩 심은 데 콩 난다네.

태백 준령을 넘으며

땅거미가 주춤터니 선뜻 나선 공산명월(空山明月)
견우직녀 손잡으니 객수(客愁)는 신바람인데
산굽이 내리닫는 기쁨 지친 넋을 일으키네.

하늘 아래 펼친 비경 출렁이는 달빛 여행
무릉도원 예 아닌가 천계인 듯 선계인 듯
산머루 푸른 향기는 휘감기며 따라오네.

오르락 내리락에 바람 따라 구름 따라
산넘이 큰 숨소리 닫는 길은 젖줄인데
달님은 뒤따라오며 동방(洞房) 화촉 밝혀주네.

(2003)

도장(圖章) 타령

주인 섬긴 한평생에 남은 것은 시큰둥 뿐
벼락 맞은 벽조목 비명도 다 못 묻어
숨가쁜 허튼 세월을 허위허위 돌아본다.

버거운 삶 등에 지고 혈서로 이름 걸고
마침표를 찍는 권위 쥐락펴락 달려온 길
퇴물로 굴러다니니 나오느니 한숨이네.

외치고 싶은 가슴 다정도 무량한데
손도장에 밀려나고 수기에도 쫓겨나니
어허라 일장춘몽이여 애물단지 신세로다.

고독한 삼보일배 뒹구르다 위를 보니
죽지 않는 붉은 족적 종지부는 큰 눈도장
세상사 헝클어짐을 매듭지어 풀었구나.

실향곡(失鄕哭)

솔내음 날로 먹고 달을 따던 내 고향집
논고개 운봉골로 소래포구 가는 길로
내 고향 가을 하늘은 유난히도 높았었네.

황토밭 과수원길 수수밭도 꿈이었나
밀어붙인 무자비에 오봉산은 신음하고
듬뱅이 범아가리도 상전벽해 허무로다.

아파트숲 우뚝 너머 농심이 따르는 길
철길 옆 논길 따라 뜸부기도 울 듯한데
이제는 떠도는 이름 동화 속의 동리였네.

병인 듯 수구초심 오랜만에 들른 발길
보릿고개 설운 동심 십자로에 깔렸는데
고향집 찾을 길 없어 울먹이며 발 돌렸네.

    * 논고개 : 인천 논현동(論峴洞)의 옛이름
    * 오봉산 : 논고개에 있는 다섯 봉우리의 산
    * 듬뱅이 : 논고개 동네 앞의 논배미 옛이름
    * 범아가리 : 남동 호구포(虎口浦)의 옛이름

(2005)

숯

연기도 많이 피웠지 세상 그늘 겪어가며
상처 받고 애가 타서 새까맣게 타버린 속
하지만, 불을 당기면 훨훨 타는 이 가슴.

금

벽에 금이 가는 것은 바깥이 그리워서다
깨어진 항아리는 참 자유를 얻었나니
너와 나, 금이 간 것도 벽을 허문 몸짓인 걸.

(명품시조 100선)

묵언(默言)

다가서면 안에서 여물지도 못하나니
앓다가 안 아픈 척 하늘가에 눈물 씻고
당신을 사랑한단 말 뒷짐 지고 서 있네.

틈

이리 기웃 저리 기웃 내 설 자리 둘러봐도
입추의 여지 없이 모두가 살벌하다
돌 틈새 비집고 나오는 잡초들이 더 부럽네.

나

밉다고 안 볼 텐가 싫다고 내칠 텐가
일그러진 인생길에 힘겨워 쓰러져도
노을빛 무지개 찾는 웃는 바보 나는 나.

나는 양(羊)

목마른 양이로다, 법 없이도 산다 하는
혼자서는 길눈 어둬 넘어지고 헤매나니
목자여 인도하소서 푸른 초장 시냇가로.

돌

구르고 구르다가 가루 돼도 좋으리라
야무진 목숨 하나 동글동글 벼리는 삶
돌돌돌 세월 말아서 둥근 세상 만든다.

돌에서 피를 뽑아 시름 속에 부어 보니
살아나는 태초의 꿈 숨 쉬는 침묵의 덕
짓밟혀 굴러갈 망정 깨지지는 않으리.

끈

당기면 절로 붙고 퉁기면 눌러 붙고
갓끈을 고쳐 매니 댕기머리 슬피 운다
천생을 지고 오르는 비탈길의 너와 나.

꽃잎은 피나마나 낙엽도 지나마나
세월은 무심하여 주름살도 멋쩍은데
어쩌랴 끊을 수 없는 이 끈적한 외줄 타기.

(2013)

문(門)

문 하나 여닫는 일 돌산 하나 옮기는 일
천국문과 지옥문도 마음먹기 나름인데
오늘도 기도 열쇠로 빗장 여는 청지기 맘.

을(乙)

최고보다 최선이지 영광 넘긴 자비의 뜻
금은 쫓기고 은은 좇으니 갑보다는 을이 상수
을지로 을지문덕에 을파소도 수훈일세.

어느날 갑자기

독버섯 그 색깔에 한눈 팔린 세상인데
저승사자 먹 튀겼나 명줄에 침 뱉었나
검버섯 불청객으로 어느 틈에 와 있네.

너는 복의 근원이라
― 찬(讚) 손녀 채영(彩榮)

고고지성 세상 구경 나온 지가 엊그젠데
엉금엉금 어느 틈에 쫄랑쫄랑 걷는 모습
쑥쑥쑥 커가는 모습 신비롭고 놀랍구나.

손 내밀면 두 팔 벌려 다가오는 예쁜 천사
할애비 무릎에 앉아 온갖 재롱 끝 없으니
어둡던 집안 곳곳에 웃음꽃이 활짝 피네.

어디서 이런 손녀 귀한 선물 주셨는가
외출할 땐 가지 말라 바짓가랑 매달리니
그 눈길 하도 귀여워 내딛던 발길 되돌리네.

좋은 이름 빌고 찾아 기도하고 고심타가
삼고초려 세 번 만에 '채영(彩榮)'이라 이름하니
하나님 축복 가운데 너는 복의 근원이라.

(2009)

꽃이 핀 이유

출근길 팔랑팔랑 패랭이꽃 한 송이
해맑은 웃음 짓고 살랑살랑 고개 든다
날 보고 힘내라면서 방긋 미소 건네 온다.

그 모습 뽐내려는 몸치장은 아닐진대
추한 꽃 뒤로 하고 밝은 세상 만들려는
하나님 깊으신 배려 뿌리신 게 아닐까.

손녀의 그림

피카소다 인상파다 눈썰미가 톡톡 튄다
한번 보고 쓱쓱쓱 거침 없이 그려내니
할애비 못 이룬 꿈도 네 손 안에 있구나.

(2013)

그대 앞 우하하

답답하고 울적할 때 윽박질러 다그쳐도
거울은 나보다 먼저 웃어 주질 않는다
찡그린 당신의 얼굴도 내가 먼저 우하하.

부챗살 접어 보기

마음을 꺼내놓고 손바닥에 올려보니
만동(晚童)의 꿈틀거리는 거드름이 펄떡펄떡
개구리, 높이 뛰려면 엎드려야 멀리 가리.

쓰러진 참나무는 죽어서도 말을 하고
배는 뜨기 위해서 제 살을 파내야 하듯
공작도 날아가려면 부챗살을 접어야 하리.

시업(詩業)

마음이 강해서는 좋은 글을 쓸 수 없다
물방울이 굳은 암반 기어이 뚫는 뜻은
가늘고 연약하지만 줄기차기 때문이다.

강철보다 연한 구리 정감 있고 좋은 뜻은
녹슬잖고 필요할 때 휘어지기 때문이니
시심도 이와 같아야 마음 밭에 피어난다.

부딪쳐 꺾이지 않고 낮은 나를 보면서
채울 공간 많다는 건 행복한 일 아닌가
연약한 가슴이라야 하늘문을 두드린다.

꿈꾸는 작은 샘터 물빛도 참 곱구나
가녀린 마음으로 한없이 작아지면
메마른 가슴 한구석 글 샘물이 흐른다.

(2013)

작시고(作詩苦)

때 늦은 안개쯤이야 싸늘한들 어떠냐
도심의 밤공기가 아무리 탁하다 한들
진땀 후 뽑아 벼리는 이 고통만 하더냐.

야심(夜心)은 절절한데 문심(文心)은 막혀 있네
문절(文節)*의 통곡 소리 달빛 타고 들려오니
저물어 까물까물한 가슴팍만 때려 본다.

* 문절(文節) : 고려의 문신 김황원(1045~1117)의 시호. 평양 부벽루에 올라 시(長城一面溶溶水, 大野東頭點點山~)를 짓다가 마무리를 짓지 못하고 통곡하며 내려왔다는 일화가 전함.

야구공을 보고

상처 꿰맨 실밥 있어 더욱 강한 야구공
들판 위의 거센 바람 틈 가르고 뻗은 나는
심하게 얻어맞아야 더 멀리 나는 야생마(野生馬).

* 야구공 : 수술 후 환부를 꿰매 봉합한 자화상을 비유함.

해금과 쳄발로의 만남

안아줘요 타는 가슴 청실홍실 휘어감듯
찰랑찰랑 정이 넘쳐 쳄발로가 다가서니
해금은 줄을 타고서 애걸복걸 매달리네.

가슴앓이 톱질하듯 박 쪼개듯 열어놓고
앙앙대며 타는 소리 해금은 절정인데
쳄발로 손을 잡으며 휘몰이로 얼싸 안네.

서러움 끌어안은 한풀이의 어울마당
한몸 되어 어우러져 심금을 울려대니
오호라 연분이로다 너와 내가 하나로다.

  * 쳄발로(cembalo) : 피아노의 전신인 서양 건반악기로 픽(pick)으로 현을 튕겨 섬세하고 화려한 음색을 낸다.

대춘부(待春賦)

꽃샘이 가기 싫어 춘풍을 밀어내니
배꽃도 눈치를 보고 설화와 손잡는데
춘심은 부끄러워서 내 품 속에 들더라.

인생 이모작

백발이 무성한 것은 마음밭이 백옥이라
칼바람 허기진 세월 죽을 고비 몇 번인가
이렇게 살아 있음은 기적 같은 일이거니.

인생은 육십부터 마음 먹기 달렸으니
녹슨 쟁기 다시 갈고 눈물 밭에 씨 뿌리면
마른 땅 거친 들에도 웃음꽃이 활짝 피리.

해를 안고 오다

손잡고 새해 아침 에덴동산 타고 올라
텅빈 가슴 금빛 가득 해를 안고 돌아오니
금실이 곱게 물들어 청싱홍실 더 고와라.

* 달 착륙선(Blue Ghost호)에 실려 달나라에 간 시조임
(2025.1.15.)

기도의 응답

개미나라 정탐꾼을 종지 속에 집어 넣고
참수할까 압살할까 요리조리 궁리하자니
어허라, 요놈 거동 보소 하늘 보고 기도하네.

하늘 보고 꾸벅꾸벅 애걸복걸 절하더니
전신 눈물 쏟아내며 방언하는 가는 허리
오호라, 긍휼을 베풀자 나는 너의 하나님.

나만 보는 불로화(不老花)

벽에 걸린 정감 여인 나만 보고 웃어 좋다
손길도 너무 좋고 눈빛으로 품어 좋다
검버섯 가리지 않는 웃음꽃이 너무 좋다.

도리깨를 보며

돌려 패고 찍어 팬다 세상 시름 갈기갈기
한풀이의 마당 같은, 땀방울의 전설 같은
고향집 등 굽은 향수가 검불 쓰고 손짓한다.

어느 날 들풀이 되어

달빛에 얼굴 씻고 물소리에 가슴 씻고
님 찾아 나섰다가 억새풀에 베었네.
한 가닥 사랑끈 붙잡고 몸져 누운 이 흔들림.

만동(晩童)

남들이 이구동성 웬 공부냐 그 나이에
눈 침침 허리 끙끙 고비고비 힘겹지만
철 잊은 노송 한 그루 한천(寒天)에서 더 푸르다.

위대한 똥파리

명품 좇아 늪에 빠진 파리보다 못한 허울
커피 잔에 빠진 얼간 똥파리라 손 저으니
꼴불견 기어 나오며 쓴맛 단맛 다 봤다네.

개기월식

눈물도 억울하면 먹물 되어 터지는가
까맣게 탄 일구월심 숯덩이로 검게 되니
먹물에 빠진 보름달 다시 떠도 어둡구나.

남한산성

세월은 무심하고 칼바람은 잔인했다
삭지 못한 슬픈 영혼 산새 울음 여전한데
아직도 산 능선에는 솟구치는 함성 소리.

꽃망울 터지는 날 먹구름도 걷혀질까
산싸리 마다마디엔 핏자국이 선연한데
무너진 성벽을 타고 승천하는 신음 소리.

네가 무슨 시인이냐

내 속에만 움집 짓고 한밤 새는 꼴불견이
네가 무슨 시인이냐 부벽루도 돌아 앉지
차라리 눈을 감으면 꿈결로나 시를 쓰지.

너 때문이야

몇 생을 더 겪어야 이 티끌을 걷어낼까
무딘 날 녹슨 칼날로 또 한 해는 저무는데
눈 감고 너 때문이야 못 고치는 이 고질병.

웃는 이유

혼자 바삐 총총 걸음 은근살짝 웃는 그녀
님 생각 좋은 사연 지난 추억 떠올리나
분명코 숨겨둔 사랑 톡톡 차며 걸으려니.

행여나 날 보고 웃나 가만가만 살펴보니
이 새벽길 반짝 미소 실성한 듯 웃는 뜻은
오호라, 왼발 오른발이 각자 따로 신발일세.

얼마나 동동 굴러 쫓겼으면 그러리요
그래요 인생길엔 걸림돌도 많을 텐데
달라도 한 몸이 되어 찰떡이면 그만인 걸.

허영청(虛影廳)

달빛 층층 쌓인 정은 가슴 품어 보고지고
풍월주인 내가 되어 누각 마루 올라보니
문향(文香)은 간 곳이 없고 뜬 구름만 비웃네.

연화향(蓮花香)

나는 그대와 늘 눈빛으로 말했나니
사랑하는 거리만큼 멀수록 가까이서
향기는 고요를 타고 흐느꼈나니 그대 앞에.

호박꽃

생긴대로 논다는 말 가슴 후벼 상처 입고
얼짱 몸짱 눈밖에 난 속 썩은 물 그 눈물로
얼룩진 세월을 닦으니 꿈틀대는 정이 솟네.

아버지와 소래염전

짭조름한 갯바람이 세월만큼 절어 있다
소금 창고 지지대엔 스친 흔적 무상한데
소금밭 뛰어나오시며 반겨 맞는 아버님.

아버님은 한평생을 소금처럼 사시었다
목도질로 휘인 어깨 움푹 패인 삶의 무게
이마에 소금꽃 피면 더욱 척척 메셨다.

조강지처 잃은 설움 이 아들로 달래시며
점심밥 내갈 때마다 되먹여서 보내시니
아버님 사랑을 먹고 정금처럼 살아왔다.

이제 와 반세기 넘어 그때 거기 또 와보니
소금밭에 비친 하늘 하늘마당 염전인지
아버님 파안대소에 눈물 범벅 적십니다.

(2017. 7. 6 소래습지생태공원 효봉시조비 원문)

가시연꽃

속정 깊이 가시 박혀 핏멍들어 피었구나
달빛 쌓여 고인 정도 한낮에만 품는다며
벌릴 듯 반쯤만 열어둔 앵토라진 그 요염함.

님 보내고 타는 가슴 청잎 뚫고 발돋움해
토해내다 돋친 가시 시샘 방석 펼쳐놓고
울면서 전생을 그리며 짚신 끈을 물고 있네.

숲에 대한 그리움

숲에 가면 좋은 일이 있을 것만 같은 느낌
가자 가자 숲으로 가자 내 꼴 버려 더 좋은 곳
탈 벗고 향기로 버무린 나를 보자 숲을 닮은.

무정도 사랑인 걸

유정이 겉이라면 무정은 그 속이다
톡톡 튀는 그 시샘에 좌하면 우하리라
소나기 퍼붓는 소리엔 돌아앉을 수밖에.

바람이 잔잔한 건 폭풍 전야 묵시로다
외기러기 속울음을 음파 따라 왜 몰라
빈 잔에 정을 채우리 무정도 사랑인 걸.

사모곡(思母哭)

꿈길로나 만나려나 반겨 맞는 그 버선발
강보에 싸인 한을 꽃상여도 못 가져가
세 살 적 이승의 한은 묻으려도 다시 솟네.

요즘 익선공(翼蟬公)

요즘 매미 참 짖궂군, 정 그리워 매달리며
방충망에 들러붙어 새벽마다 발악하며
엿보며 기웃거리며 미얌미얌 끼어든다.

내 영혼의 무게

어제가 오늘 같고 오늘도 어제 같다
일신 우일신을 곱씹어도 제자리니
뽕나무 가지에 올라 흔들어 보는 내 영혼.

(2013)

이 세상 어딘가에

이 세상 어딘가에 있을 법도 할 터인데
어머니를 닮은 여인 불러봐도 대답 없네
십자로 가운데 서서 외쳐보는 이 절규.

그 얼굴 그 미소를 시시때때 뵈올 텐데
사진 한 장 없이 가신 그 모정이 야속하여
세 살 적 꽃상여 속을 그려보는 이 가슴.

아들 찾는 모정인가 슬피 우는 산비둘기
북망산 핏줄 타고 내려오던 그 눈물로
오늘도 두리번 두리번 둘러보는 이 마음.

(2007)

청량산 등반기

사투리 왁자지껄 벼랑으로 구르는데
선계를 지나는 듯 천국 계단 오르는 듯
청량사 보듬어 안은 기암절벽에 넋을 잃다.

산꾼의 집에 들러 약차 한 잔 들이키고
오산당 기웃하며 퇴계 정기 흠향하니
육육봉 열두 봉우리 코앞으로 다가오네.

가파른 천성 벽을 허위허위 기어올라
신선봉 올라 보니 반겨 맞는 하늘다리
비로소 직녀 만나니 풀리었네 천추의 한.

(2009.1.15.)

제3부
산벚꽃 필 무렵

추풍선(秋風扇)

단순호치 눈웃음에 춤사위는 백미거늘
세월이 발로 차니 오뉴월에 두룽다리
언제나 멍든 가슴에 동동 팔월 꽃피려나.

나비 같던 고운 몸매 날렵함도 고이 접어
쪽빛 추억 학수고대 천생연분 님 만나면
그늘진 주름살 펴고 청사초롱 불 밝히리.

(2010)

군불 때기

빛바랜 설레임도 마음 먹기 나름인데
첫사랑 굳은 언약은 굴뚝 심지 아니던가
세월은 삿대질하며 시샘하듯 투정하네.

냉가슴 티격태격 찬바람에 등 돌릴 때
입김 불어 군불 때며 둘둘 말아 뒹구르면
미운 정 고운 정 되어 냉골 되레 따숩나니.

(2008)

어디선가 날 보네

어디선가 날 보네 장터에서 거리에서
당길 듯 이끌리어 멈칫하며 뒤를 보니
어머님 닮은 얼굴이 두 팔 벌려 서 있네.

나비를 날리며

들꽃 방 날개 접고 저물도록 깃들더니
바람꽃 손짓하니 기다린 듯 가는구나
소돔성 떠날 때에는 뒤돌아보지 말거라.

대못질

너무너무 외로워서 대못질로 두들긴다
때릴수록 아프지만 때릴수록 하나 되는
꼬옹꽁 묶어두려고 나는 너를 때린다.

윤범이 오는 날

윤범이 오는 날은 대문 밖이 시끄럽다
유모차 내리면서 온 동네를 들썩이며
할애비 어서 나오라 어사 출도 호령한다.

윤범이 오는 날은 수염 깎고 손을 씻고
따갑다고 내칠까 봐 행여 잡티 묻을까 봐
볼비빔 끌어안은 정 천장까지 출렁인다.

할애비 기도 속에 하늘 영광 이어받아
튼튼 기둥 되고지고 빛과 소금 되고지고
핏줄로 엮어진 사랑 무럭무럭 자라거라.

(2013)

소리산

사람은 사랑 밖에 무엇으로 또 사는가
나는 네요 너는 내니 마주 보는 소리 소리
시름은 솔바람 타고 골짜기로 흩어지네.

터질 듯 까맣게 탄 속 일구월심 그 정표라
바위처럼 굳은 언약 소리소리 질러보니
연심이 잡아 끈 손을 놓칠세라 칭칭 감네.

(2013)

백야(白夜)

설중매 아니라면 내 어이 견뎠으랴
달 보면 알콩달콩 땅 보면 어질어질
어쩌면 꿈결이었을 설한풍의 그 백야.

(2013)

촉석루에 앉아 보니

설운 밤 울고 갈 걸 잔은 어이 받았던고
환청의 여음 속에 속살 고이 감추이고
홀로 선 바윗돌만이 강바람에 우는구나.

청춘도 마다 하고 사랑도 뒤로 하고
의 좇아 붉은 마음 꽃잎 되어 떨어지니
그 영혼 꽃잎으로 남아 강물 위에 떠도네.

(2013)

지렁이

나오면 횡사한다 흙으로 돌아가라
뼈대 없는 네 주제에 무엇하러 기어나와
땡볕길 밟히는 신세로 복장 터져 죽는가.

(2013)

* 지렁이 : 들러리 출마자

월하(月河) 스승님을 그리며

삼월엔 또 진달래가 발돋움해 피겠지요
시조사랑 붉다 못해 산딸기로 터진 가슴
청산은 노래 부르고 파로호는 붓을 드네.

달빛 따라 강물 따라 노고지리 불러 모아
골골이 뜨는 얼굴 님의 자취 광채 나니
심령은 산령을 깨우고 온누리를 밝히네.

(2013)

* 월하 이태극 문학관(화천)에 고정 전시된 시조

발리, 워터블루에서

맘씨도 바다처럼 넓었으면 참 좋겠다
암초에 찢겼다가 폭풍에 솟구쳤다
해변에 푸르게 누운 고운 눈빛 그것처럼.

(2015, 칠순 투어)

동녘의 노래

하늘이 점지해 준 여기는 해뜨는 땅
강물이 서원을 싣고 어둠을 밀고 가니
유구한 선사의 기운이 흘러흘러 넘치네.

찬란히 솟구치는 빛의 힘찬 외침이여
푸르른 축복 위에 여명의 깃발 드니
하늘도 빗장을 열고 산천이 응답하네.

골골이 뜨는 얼굴 온누리에 고와라
좌절을 살라먹고 주름살도 산에 묻고
동녘의 노래 부르니 축복의 시원(始原)일세.

(2013. 서울 강동 찬양 시조)

저만치 앉아보니

모두가 너 때문이야 독기 뿜는 안하무인
피가 좋아 입 벌리고 기고만장 칼 뽑으니
양심은 주눅이 들어 그늘 뒤에 숨는다.

입방정이 구렁인 걸 혀가 불씨 되는 줄을
하늘은 미리 알고서 따끔한 침 놓아주니
철면피 무릎을 꿇고 자비 앞에 빌더라.

소풍객 천상병 시인
―강화 천상병 공원에서

'천상병' 그 이름은 하늘 내린 시선인가
천상에서 강림하여 소풍 왔다 가신 그님
티 없는 그 웃음 속엔 묵시록이 숨어 있다.

공(空)에 들다

샘물에 웃는 달님 하도 예뻐 솔깃하여
물병에 고이 담아 집에 와서 쏟아보니
달님은 간 곳이 없고 빈 공기만 비웃더라.

달뜨는 동산 언덕 예나 제나 그대론데
주선옹(酒仙翁) 두소릉(杜少陵)도 한낱 대작 꿈결이니
어허라, 세상만사가 허공에 뜬 만남이라.

(2023. 6. 29)

宮은 窮이었다
― 강화 고려궁지를 돌아보고

삼십구 년 고려 왕업 남은 것은 긴 한숨 뿐
빈 뜨락 잔디밭엔 쓸쓸함만 무성한데
뼈대는 어디를 갔나 宮은 없고 窮 뿐이네.

(2023)

불굴가, 그 영원한 혼불

"가슴팍 구멍 뚫려 만신창이 된다 한들
님 외오 살라 하면 그는 그리 못하리라"
불굴가 일편단심이 삼천리에 물들었다.

비정한 역사 그늘 구부러진 왜곡 사연
광풍 속에 휘둘려도 충신불사 이군이라
세월은 진실을 밝혀 의의 깃발 흔들었다.

내우외환 다 이겨낸 피맺힌 공의 일생
설한풍 몰아쳐도 꾹꾹 참고 의연하게
우뚝 선 그 족적이야 어느 누구 비하리까.

칼날 세운 인정 앞에 자지러진 세월 앞에
하늘이 두 쪽 나도 천지가 개벽해도
대은공 구국 충절은 변할 줄이 없어라.

(2023, 대은시조문학상 대상작)

대은공 묘역에서

세월은 말 없으나 그 자취는 말을 한다
한 시대 주름잡던 높은 기상 떠도는데
피맺힌 장군의 모습 고요 속에 반겨 맞네.

고려사 왜곡 사연 구부러진 인정 속에
원망도 뒤로 한 듯 너털웃음 떠도는데
이제는 호국의 등불 높이 들고 계시다.

「불굴가」 시조비를 세우고

여기에 빛이 있다 이 민족의 기상 있다.
회유에도 꿈쩍 않던 대은공의 불사이군
만고에 으뜸이 가는 우뚝 솟은 충심이여.

불굴의 호국 의지 삼천리에 등불 되고
오직 구국 일편단심 사설시조 효시 되니
불굴가 드높은 충절 세세토록 빛이 나리.

(2023, '불굴가 시비' 비문을 헌정하고)

판옥선 갑판에서

둥둥둥 북소리다 포문 열어 공격하라
생즉필사 저기라면 사즉필생 예로구나
내 감히 충무공 따라 명량 수군 칼 들었다.

울돌목 거센 물살 악령 물어 삼키는데
적선은 갈팡질팡 뱃머리는 좌충우돌
죽기를 각오로 싸우니 아비규환 핏물이다.

빗발치는 총포 속에 생과 사는 하늘의 뜻
우렁찬 장군 소리에 이 한 몸을 불사르니
충무공 신묘한 전술에 저 하늘도 움직였다.

기적이 번쩍인다 새 천지가 보이누나
열두 척 종잣배가 수백 척을 궤멸하니
청사에 길이 빛나리 전무후무 대승이여.

(2023, 진도문학기행)

산문(山門)에 들어서며

산정은 한 곳인데 오르는 길 무궁하다
산 자들 거친 숨결 나뭇잎에 묻었는데
난 그예 갈 길을 몰라 산문 앞에 서성인다.

그 누가 누구 삶을 동행할 수 있겠는가
골 깊은 어미 품속 풀빛 사랑 만나고파
산 젖줄 깊은 계곡에 물소리로 달래본다.

언젠가 눈뜰 날이 어미의 뜻 만날 날이
물소리 바람소리 태교는 끝없는데
오늘도 산속 태아는 자궁벽을 박차본다.

정 그리워

허기진 세월 한켠 피눈물로 살아오다
어머님 닮은 여인 은총 받아 만나고픈
목메인 울부짖음이 하늘 축복 빌어보네.

한밤중 깊은 골방 사랑 심지 불 켰다가
사나운 칼바람이 마음 등불 뒤흔드니
순심은 갈팡질팡해 앞을 보지 못했네.

소유는 무엇이고 무소유는 무엇인가
사랑은 밀고 당김 질긴 끈이 보배거늘
해탈해 짐을 벗으면 영근 평화 다가올까.

달님이 하나이듯 어미 정은 오직 하나
우둔한 이 아들이 귀 먹고 눈 어두워
한밤 내 깊은 협곡에 정 그리워 우웁네다.

서울의 달

굶주린 배 움켜쥐다 까치밥 다 따먹고
그래도 허기져서 사다리로 지붕 올라
빵 같은 달 따먹으니 슬픈 하늘 달이 없네.

카렌족 여인을 보고

목 가늘고 길어야만 미녀란 말 허망하다
목에 링이 웬 말인가 짧은 인생 늘어나나
작은 키 목을 조르니 보는 가슴 퍽 아리다.

하늘이 주신 목숨 고이 간직 가꿔야지
목 늘려서 관광 수입 어찌 그리 우매할까
카렌족 여인의 긴 목, 황금 앞에 울고 있다.
                    (치앙마이, 2024. 3. 27)

치앙라이 백색 관음상의 참빛

사람은 사랑 밖에 또 무엇으로 살아가나
순례자는 믿음 위에 순백의 성 쌓아 놓고
거대한 관음상 앞에 대자대비 빛 쪼인다.

마음의 세탁이야 이만한 곳 있으리요
관음상 백호(白毫) 통해 중생들을 비춰 보니
이 세상 아수라 번뇌 무량(無量)으로 밝아오네.

(2024. 3. 27)

왓롱쿤 백색 사원의 비경

놀랍다 눈부시다 순백 눈꽃 신비롭다
이 세상 어딜 가도 다시 못 볼 이 황홀경
신의 손 정교한 예술 이승 저승 이어졌네.

아수라 그 아우성 고통 소리 처절한데
지옥의 다리 건너 해탈 정토 들어서니
번뇌는 순결에 녹아 극락왕생 정토일세.

(치앙라이, 2024. 3. 27)

틈 속에서 빛을 보다

배흘림 나무기둥엔 삶의 철학 숨어 있다
오래된 기둥일수록 갈라진 틈 더 많으니
풍상에 마르고 닳아 금이 가서 더 강하다.

인생의 계급장도 골이 패인 긴 주름살
독칼 맞아 금이 가고 뭇매로 맘 다지고
노인장 파안대소가 온 우주를 삼킨다.

빛의 편견

진실은 빛을 잃고 탈을 쓰고 춤을 춘다
제 속살 다 감추고 엉거주춤 눈치 보다
달콤한 유인책에는 다 퍼주고 꽁무니다.

직사하는 빛의 지조 굴절된들 빛 아닐까
망나니 칼날 앞에 산산조각 부서지니
그늘진 무대 뒤켠엔 언제 빛이 깃들까.

개망초

묵정 밭 후미진 곳 외딴 집 길거리에
이름 없이 버려지는 가여운 너의 운명
분장술 서툴다지만 춤사위는 정겹구나.

외로움 달빛 속에 총총 걸음 무리지어
개망나니 칼끝에도 희끗희끗 춤을 추며
소금을 뿌려 놓은 듯 순수지경 넓혀가네.

죄목이 무엇이기에 일개 초동 낫살 끝에
무참히 참수되어 꺾여지고 짓밟히나
목숨은 끈질기어서 만고 청상 안고 사네.

하이얀 네 얼굴엔 노오란 미소 박혀
가난한 벌꿀 나비 공짜 세 들어 사니
칼바람 어둠 속에서 지친 세월 밝혀주네.

분 꽃

민낯에 콕콕 찍어 꽃분 발라 꽃핀 소녀
한낮엔 오므리고 마음 다져 뒤척이다
밤에만 살짜기 피는 부끄럼이 더 고와라.

싸늘한 바람 이는 분분한 마중 길에
하얀 속내 빨강 방끗 순수 따라 점찍으니
거슬러 다시 돌아가 '꽃분'이라 불러본다.

꺾어 주기

날카롭게 솟아오른 글씨를 꺾어주니
순한 게 보기 좋고 달필이 되었거니
웃자란 교만도 꺾어 달빛에다 쪼여본다.

수염 깎듯 잡풀 깎듯 오늘도 다듬다듬
치솟은 말씨도 꺾어 동글동글 굴려보니
덩그런 달님이 찾아와 입 맞추며 안아주네.

자비(慈悲)

자(慈)자가 어머니면 비(悲)자는 아버지다
이뻐서 사랑하고 불쌍해서 사랑하고
자비(慈悲)로 끌어안으면 예가 바로 천국일세.

발리, 캄보쟈꽃 앞에서

꽃으로 따라 나선 노란 향기 진한 당신
어서 오라 팔 벌리며 달빛 받아 뿌리네요
반기는 이국 사랑에 발걸음은 붕붕 뜨고.

뚝뚝뚝 눈물지듯 떨어지는 꽃잎 사연
행여나 밟힐세라 두 손 모아 받쳐 들면
온몸에 곱게 물드는 달빛 사랑 닮은 향기.

(2015 칠순 투어)

어느 하늘 아래서

낮달로 떠올라서 얼굴 마주 뵈온다면
손잡은 눈물 사연 마르지 않는다면
은하수 다 흐르도록 별빛으로 떠 있겠네.

수종사(水鐘寺)

두물머리 고인 물이 무량(無量)으로 차 올라와
세속에 물든 산을 청심(淸心)으로 씻었는가
해탈한 풍경소리가 고요 속에 출렁인다.

꼬불한 마음 접고 선다향(禪茶香)에 취해 보니
골 깊은 백팔번뇌는 허겁지겁 도망가고
득음(得音)한 물빛 종소리 산 아래로 퍼져간다.

시조가인(時調佳人)

때로는 고인 뵙고 이따금 눈물 먹고
너와 나 깊은 인연 달빛 같다 다독이며
시조벽 허물어 가는 강물 닮은 사람아.

당구를 잘 치는 법

과녁을 맞히려면 마음 차분 먼저인데
바람난 구름 타고 붕붕 뜬 호들갑에
번번이 힘이 들어가 엉뚱한 데 허방이다.

무지개 엿보려면 흠뻑 비를 맞아야지
당구를 잘 치려면 몸 낮추고 부드럽게
힘 빼고 달래는 듯이 연인이듯 다루어라.

어부의 충고
―식영정(息影亭)의 가르침

어부가 공자님께 왜 그렇게 쓸데없이,
책임질 일도 아닌데 인(仁)이란 게 뭔 대수냐
바쁘게 뛰어다니는 꼴 참 안됐다 쏘아댄다.

"그림자와 발자국은 바쁠수록 따라 붙지"
공자님 이 말 듣고 안절부절 주춤하고
발걸음 돌아보면서 땀을 씻고 먼 산 본다.

그늘에 들어가야 그림자가 편히 쉬고(休影)
고요한데 머물러야 발자국도 함께 쉬니(息跡)
바쁘게 쫓기지 말고 식영정(息影亭)에 머물란다.

농월정(弄月亭)에서

달빛 마당 그곳에는 달을 닮은 시심 있다
시든 영혼 쫓아내고 푸른 꿈 불러내니
부러진 지팡이에도 새싹 돋아 꽃이 핀다.

벼루에 달빛 갈아 사랑 섞어 글을 쓰고
허허허 바람 따라 풍월(風月)이라 흥 돋우며
너와 나 얼굴 맞대니 음풍농월 시선(詩仙) 된다.

꽃향기 피는 곳에 벌 나비 몰리듯이
달빛 모인 농월정엔 너도 나도 달이 되니
알겠네, 벗 붕(朋)자에는 달이 두 개 뜬 까닭을.

산벚꽃 필 무렵

온 길로 되짚으면 그 손길에 다다를까
산벚꽃 활짝 피어 겉보기는 좋다마는
어릴 적 눈물이 번진 버짐꽃이라 서럽네.

점점이 박힌 설움 어느 곳에 뿌리리요
어미 정 그리움이 얼룩져서 퍼졌으니
사모곡 읊조리면서 멍든 가슴 쓸어보네.

제비꽃

내 눈물 떨어진 걸 제비꽃이 먼저 안다
달님이 엿봤지만 길섶에서 풀섶에서
내 신음 받아내고선 귀를 쫑긋 세웠었다.

한 세월 무대 뒤엔 아직도 긴 흐느낌
눈물이 강물 되어 바다로 흘러간들
설운 맘, 제비꽃만큼 달래 주지 못하네.

팔남매사랑(八男妹舍廊) 방문기

조종천 꽃길 따라 심산유곡 들어서니
도화(桃花)는 붉은 입술 손뼉 치며 반기는데
팔남매 우애가 서린 무릉도원 사랑채라.

지경인가 선계인가 세상잡사 다 버리고
옥계수 선녀탕에 버들치와 눈 맞추니
너와 나 경계가 없이 물아일체 하나로다.

사랑채 들어서니 방방마다 사랑사랑
뭉클한 둥지 사연 오순도순 엮은 한 뜻
팔남매 귀거래사엔 여생 복락 만발했네.

나무꾼과 선녀

오늘도 줄로 매단 두레박에 몸 실으니
또다시 이내 몸은 나무꾼이 되어 있고
그녀는 선녀가 되어 천상으로 올라가네.

산골짝 구비 돌아 사랑 샘터 찾는 마음
미역 감는 그 비경을 남몰래 훔쳐보나
엇갈린 인연의 꿈만 허공 속에 맴도네.

들쳐 멘 도끼자루 촌티 범벅 한숨인데
그리움 돌돌 말아 샘물 위에 던져보니
못 위엔 선녀의 미소 그것만이 떠도네.

평화의 꽃삽을 뜨며

하늘엔 번쩍 포성 온 땅에는 핏빛 울음
나 어린 가슴에는 아비규환 천지였지
땅 치며 통곡을 하던 피난길의 그 아우성.

어쩌다 고요 강산 핏빛으로 물들었나
요동치던 붉은 산하 만신창이 그 아픔을
지켜본 천년 고목이 잊지 말라 눈짓하네.

바람 앞에 등불 같던 허기졌던 지난 세월
이제는 통일동산 이 땅 위에 가꿔야지
피맺힌 눈물이랑에 평화의 꽃 심어보세.

애국가를 4절까지

애국가 퍼진 곳에 애국심이 따르는데
시간 없어 '생략한다' '일절만'이 말 되는가
국경일, 얼굴도 못 내민 태극기는 서럽단다.

나라마다 국가(國歌) 있고 울려 퍼져 꽃 피는데
충효예(忠孝禮) 나라사랑 처음과 끝 어디 갔나
애국가 끝까지 불러 애국혼을 불러오세.

무덤덤

인간사 좌충우돌 열 받으니 더 덥구나
가마솥 복더위도 마음 먹기 달렸으니
짜증난 무더위 속엔 '무덤덤'이 해법이다.

무덤 간 무더위도 기가 차면 다시 온다
있는 듯 없는 듯이 그냥저냥 무던하게
무던히 삼복을 잡고 무덤덤히 지내보세.

호박꽃을 그리며

슬픈 날 독침 피해 여기저기 기웃대다
호박꽃 그 속으로 향기 따라 들어가니
별과 달 천둥소리에 어릴 때의 나도 있네.

또르르 빗물 모아 공 굴리듯 호호 불며
가슴이 넓은 이름 벌꿀 나비 절로 찾는
호박꽃 빼닮은 사람 그런 사람 그립다.

(2019 대한민국 시조문학상 수상작)

삼성혈(三姓穴)

제주는 담을 따라 숨을 쉬는 구멍 많다
한라산 분화구며 삼성혈과 돌담이며
탐라(耽羅)는 구멍 중심에 팽이처럼 돌아간다.

구멍 속 고양부(高梁夫)가 땅 위로 용출(湧出)하여
벽랑국(碧浪國) 삼공주(三公主)와 화촉 밝혀 창업하니
탐라국 구멍 속에는 천세 만세 빛이 있다.

(2018. 9. 29)

시조의 흐느낌

시조는 퇴물인가 황동 속의 웃음인가
육당은 이름하여 '국풍'이라 하였는데
바람난 외풍에 밀려 훌쩍이며 울고 있다.

만방은 물결치듯 제 목소리 높이는데
시심은 뼈대 잃고 안방마저 내어 주니
기왓골 낙숫물마저 바람결에 흩날린다.

물방울 튕긴 듯이 천년 숨결 어디 갔나
거미줄 걸린 매미 나무숲을 그려보듯
이제는 바로 서야지 토종 맛이 제일인 걸.

제4부
바람 따라 섭리 따라

제주 추사(秋史) 유배지에서

추사는 추사(秋史)라서 가을볕을 타나보다
성긴 돌담 끼고 돌아 추사관 들어서니
묵향에 배인 우수가 낙엽 지듯 쏟아진다.

칼바람 거친 풍파 문명(文名)도 죄이던가
붓끝으로 시름 씻어 허공에 내던지며
눈 감아 지우고 싶은 병든 세월 탓했으리.

세한도 숨결 속에 들려오는 강독 소리
명 스승 섬김 속에 후학 발길 넘쳐나니
더불어 마루에 기웃 님의 품에 안겨 본다.

(2018. 9. 28)

바람 따라 섭리 따라

골 깊은 물소리는 산 밖으로 흐르고
산새소리 푸릇푸릇 나뭇잎에 묻었는데
스치는 솔바람소리 내 마음을 흔드네.

머물던 꽃구름은 흔적조차 없구나
숨찬 세월 굽이굽이 왜 그리도 허기졌나
꿈 많던 푸른 시절은 바람수레 타고 가네.

어디쯤 가고 있나 어디로 가고 있나
한 치 앞도 모르면서 아무것도 모르면서
이대로 그냥 이렇게 섭리 따라 가라하네.

바가지 띄워 주기

껍데기만 남았구려 박박 긁어 속 파먹고
들어도 못 들은 척 가슴팍은 휘청이고
박박박 긁는 소리가 천둥보다 더 크네.

귀 막고 입을 막고 하품 꼴이 가관인데
던지면 깨진다네 지청구면 쪽박 신세
퍼붓는 소나기 앞엔 장독대가 되고 싶어.

물동이 머리 이고 출렁출렁 흔들릴 땐
바가지를 띄우는 게 제일 좋은 상책이지
쏟을까 입술 깨물고 또아리끈 씹어보네.

악포(鰐浦)의 비명 소리
―조선국 역관사순난비(譯官使殉難碑) 앞에서

세월의 어깨 넘어 그 이름들 불러본다
악포(鰐浦)는 '악포(惡浦)'인가 삼백여 년 지났어도
해변엔 무심한 파도 맺힌 한만 굽이친다.

백팔의 번뇌 솟은, 그날 그 아우성은
목메어 땅을 치고 눈물은 화석 되어
오늘도 나팔손 하고 고향 하늘 외쳐대네.

  * 조선국 역관사순난비(朝鮮國譯官使殉難碑) : 1703년(숙종29년) 조선의 한천석 등 역관 사절단 108명이 대마도 와니우래[악포(鰐浦)]항 입항을 앞두고 풍랑을 만나 전원 수장된 것을 애도하는 위령비.

우정

순결은 하얀색이라 물들기 아주 쉽고
사랑은 핑크빛이라 바래기 쉽지마는
우정은 무색이라서 그 색깔이 영원하다.

빼앗긴 황실 미소
―대마도의 덕혜옹주 결혼봉축비를 보고

전생은 무엇이고 다음 생은 어디인가
언덕이 허술하면 비빌 데도 없다더니
낯선 땅 외톨이 신세 목이 멘들 응답할까

황실의 여린 꽃이 거친 땅에 버려지니
시퍼런 서슬 앞에 앞가슴 찢기어져
살아서 혼인을 해도 억지 인생 매였으리.

운명이라 버티어도 피지 못한 조선 여심
봉축비 바라보니 역한 구름 가득하여
봄꽃도 잠깐 웃다가 고대 지고 말더라.

맹꽁 서생의 문심(文心)

멸종 위기 맹서생이 민원실을 찾아와서
가뭄에 난개발에 천적들에 못 살겠다
바람난 황소개구린 '요놈 봐라' 큰 소리고.

예전엔 논두렁길 '맹꽁 맹꽁' 소리 맑아
여기서 '맹-' 하면 저기서 '꽁-' 했는데
지금은 '맹공(孟孔)' 읊으면 '맹꽁이'라 깔보네.

칼보다 강한 것은 붓끝이라 하였거늘
아무려나 붓이 좋아 묵향 속에 묻힌 서생
공(空) 먹고 크는 시심만 찐빵 같이 부풀었네.

두만강가에서 너를 보다

어쩌다 골이 패여 딴 줄기로 흘러갔나
냉가슴 월컥 쏟아 세월 밖에 흐르는데
네 간 곳 따라가 보니 피눈물이 고였구나

하늘 보며 땅을 쳐도 대답인들 하겠느냐
눈물도 메마른 땅 손 흔드는 너를 본다
강나루 둘이 손잡고 먼 바다로 가봤으면.

(2019. 5. 24)

아! 연변 문우님들

손잡아 이끄는 맘 전생 인연 이어진 듯
머물러 머물러라 동포우애 꽃핀 마을
그 정성 길이 빛나리 문학사에 영원하리.

발길을 재촉해도 손 흔들면 되가는 맘
한 핏줄 끈끈한 정 떨어져도 달려가니
먼 하늘 올려다보며 고운 이름 불러본다.

(2019. 5. 25)

남루를 벗다

바람에 등 떠밀려 바람장터 들어서니
바람꽃 요기조기 웃음꽃도 바람났네
여우는 손잡아 끌며 바람개비 또 돌리고.

입방아 여기저기 바람 잘날 영 없으니
때 묻은 남루 벗고 갓끈 고쳐 다시 매고
웃는 돌 품에 안고서 무풍지대 살고 싶네.

(2019. 6. 22)

굽힘의 미학
― 유능제강(柔能制剛)

달리는 열차에는 굽힘 미학 실려 있다
굽은 길 내닫는 길 탈선하지 않는 뜻은
칸마다 시시때때로 굽혀 꺾기 때문이다.

꼿꼿하다 강직하다 대쪽 같다 자랑 마오
인생길 굽이마다 휠 줄 몰라 부러지니
지는 게 이기는 거란 말 꺾인 뒤에 알겠네.

(2019. 7. 3)

소심지활(小心地滑)

중국길 어딜 가나 "小心地滑" 자주 본다
대인은 어디 가고 하필 소심 웬 말인가
갸우뚱 탐문해 보니 '낙상 조심' 뜻이란다.

'소심'엔 맘을 작게 자중하란 깊은 뜻이
뻣뻣하면 넘어지니 조심조심 빙판 가듯
아무렴, 가시밭 인생길 몸 낮춰야 살아나리.

(2019. 7. 3)

일송정 올라보니

일송정 올라보니 눈물 월컥 주먹 불끈
한 서린 뿌리의 땅 해란강은 말 없는데
선구자 말발굽소린 아직도 쟁쟁하네.

(2019. 5. 21)

서툰 눈길 밝게 열면

그대 있어 올봄 벌써 맨발로 뛰어왔죠
방긋 웃는 새순 하나 새벽창에 매달리며
얼룩진 역한 세월을 닦아내고 있네요.

서툰 눈길 밝게 열면 소망의 꽃 핀다지요.
손 내밀며 여는 춘심 얼운 맘도 녹여내니
오늘도 샬롬의 평강 꽃핀 봄날 되소서.

물단지 꿀단지

물 담으면 물단지 꿀 담으면 꿀단지
하늘빛 흠뻑 맞고 부름표 입에 물고
하나님 쓰시는 대로 십자로길 오른다.

빚진 죄인 이내 몸은 하나님 섭리대로
이웃사랑 온유화평 회개 눈물 넘칠 때면
어둠길 두려워 말라 쓰임 받을 꿀단지야

달빛과 나

보름달은 탈을 벗다 나뭇가지 걸렸는데
산굽이 능선들은 바람 따라 구름 따라
푸른 꿈 소망을 몰고 물결치며 오네요.

멱 감고 장구치며 피안으로 숨어들다
술 취한 달빛 잔치 울퉁불퉁 출렁이니
삿갓 쓴 풍월주인이 지팡이로 잠재우네.

농다리를 건너가며

슬기어린 조상의 얼 전설 따라 생생한데
미호천 가로지르는 지네모양의 꿈틀거림
돌마다 천년의 신비 고리처럼 이어졌네.

인생도 무한한가 생거진천(生居鎭川) 사거용인(死居龍仁)
층층이 쌓인 세월 밟고 가기 송구한데
물길은 천년을 넘어서 쉬임 없이 흘러가네.

쪼그린 상사화

달빛에 얼굴 씻고 물소리에 가슴 씻고
님을 찾아 나섰다가 억새풀에 베었네
끊어진 사랑 끈 붙잡고 몸져누운 이 흔들림

어느 날 불현듯

뒷짐지고 꾸부정히 거울 속을 들여 보니
쓴 웃음 이내 모습 팔푼수가 따로 없네
어느 새 지팡이 짚고 따라오는 긴 그림자

애마(愛馬), 차씨(車氏)에게

나에게 시집 온 날 나는 네게 약속했다
정 주고 닦아 주고 따순 손길 안아주리
하지만 매정한 세월 상처뿐인 과거였지.

망나니 칼자국에 버짐꽃 핀 네 몸뚱이
늙었다고 구박하고 터진 발목 발로 차고
성형도 못해 준 나는 막무가내 올라탔다.

한 평생 노숙 신세 일그러진 너의 얼굴
화장발 안 받는다던 그런 말은 희생인가
종노릇 숙명으로 알고 잘도 참고 견뎠구나.

뿔나면 엉뚱하게 내빼기도 한다는데
네게도 두근거림이 있다는 걸 알고부터
말없는 내 동행자여 네 등 타기 부끄럽네.

어디가나 차단기

여기도 막아 놓고 저기도 막아 놓고
언제부터 제 땅인가 돌아가도 막혀 있네
어디나 막다른 골목 하늘로나 솟아볼까.

단소승자(端笑勝者)
― 난로 위의 도시락

주먹들 도시락은 늘 아래층 차지였고
약자의 도시락은 늘 꼭대기 겉돌았다
설운 날 찬밥신세로 주눅 들린 그 시절.

세월은 약이던가 다 타버린 주먹들 밥
꼭대기 설운 밥은 층수만큼 높여지니
약자를 들어 쓴다는 주님 말씀 새롭다.

갇힌 자의 축복

왕노릇 따로 없네 훌렁 벗고 큰대자로
떠돌이 갈 곳 없어 정처 없이 서러운데
대문 안 드는 발길은 그 얼마나 행복한가.

그래요 참자유는 움막 안에 있나 보다
둘러친 모기장 안 거기라야 평안하니
금줄로 갇혀 있어도 마음 가면 천국일세.

(2014. 3.14)

질경이

허울 좋은 꽃잎 떠나 인과의 굴레 쓰고
질기디 질기기에 질경이라 이름 하고
새벽길 이슬 먹고서 파릇파릇 일어나다.

천심이 내려 앉아 짜고 엮은 질긴 심지
바퀴 밑의 차전초라 밟힐수록 더욱 강해
지독히 버티는 힘에 세월도 백기 들다.

낙엽이 지는 이유

낙엽이 지는 이유 무게 때문 아니라네
꼭지가 시들어서 메말랐기 때문이니
사람도 이와 같아서 시들하면 떨어진다.

등짐이 무겁다고 휘청이는 마른 인생
가다가 넘어짐은 무게 때문 그 아니라
심지가 푸르지 못하니 시들어서 떨어진다.

지리산(智異山) 문학관

시심이 저산처럼 높푸르지 않는다면
아득한 인생길을 그 어이 비춰주나
산 절로 내 절로 하니 물심일여 좋아라.

여기는 천연도량(天然道場) 천심이 빚어놓은
풍류랑 시인묵객 발걸음이 머무는 곳
예 오면 절로 물들어 푸른 심지 돋아나네.

아름다운 동행자

돌아보면 야속한 길 그 모두가 절절하오
투정도 사랑 따라 설운 가슴 정을 따라
돌밭에 걸린 꽃등이 된 바람에 흔들리네.

인생길 허위허위 짓눌리어 휘인 어깨
지쳐서 쓰러질 땐 손 내밀며 끌어줄 이
그립다 어머니 닮은 숨어 피는 동행자여.

구 멍

여기를 통과해야 새 생명이 탄생된다
바늘구멍 앞에선 조마조마 피 터지고
그 구멍 넣을 때마다 붉은 함성 솟구친다.

옥죄어 온 한의 깃발 구멍 찾아 뛰는 발길
땀구멍은 쉴 새 없고 거친 숨결 요란한데
골문은 멀기만 하고 쥐구멍은 가깝구나.

백두산 천지에서

자작나무 정기 타고 영봉에 올라보니
놀라운 하늘 미소 구름 둥둥 다 걷히고
겹겹이 둘러싼 암봉 선구자로 손짓하네.

꿈에 보던 바로 여기 하늘 뜻 내려 앉아
벅찬 가슴 억누르자 울컥 눈물 넘쳐나니
눈물이 천지로 흘러 배달의 한 더 고였네.

(2019)

백두(白頭)로 가는 길

백두(白頭)로 가는 길은 반짝반짝 자작나무
흰빛 쑥쑥 밝다밝다 밝달나무 끝없는데
천부인(天符印) 세 개를 들고 밝게 웃는 태백(太白)의 빛.

박달목 신단수(神壇樹)길1) 허위 올라 천지(天池) 보니
백민족(白民族) 단군(檀君)의 얼 쭉쭉 뻗은 흰빛 정기
'밝달'2)로 '배달(倍達)'을 뿌려 온누리를 밝혀주네.

(2019)

---

1) 환웅(단군의 父)은 태백산(백두산의 이전명칭)의 신단수(神壇樹=박달나무) 밑으로 강림하였다.

2) 박달나무(檀)는 자작나무과에 속하며, 목질이 단단하여 다듬이 방망이,도마,팔만대장경의 재료로 쓰였다. '밝달'에서 '배달'이 되었으며, '밝달'은 고대어로 '밝은(白) 땅'을 가리킨다. 예로부터 중국 역사책에서는 '배달(밝달) 민족'을 '백민(白民)'이라 하였다.

오이 닮기

가파른 고갯길에 가시 돋친 장미 일발
화장발 진한 얼굴 열꽃 돋아 화려한데
얼굴엔 그늘이 끼어 고요 톡톡 건드린다.

눈 속에 욕심 깔면 빛도 보질 못하누나
오이가 배 가르니 오이향이 물씬 나듯
사람도 제 몸 갈라야 인품의 향 풍겨난다.

울 안의 축복

자유 중의 참 자유는 울 안에 있나보다
모기장 안에서는 큰 대자로 평강이니
하나님 구속하심도 축복 중의 축복일세

외양간 미리 고치기

겉은 속을 낳고 속은 겉을 낳는다.
김으로 둘러싸야만 '김밥'이라 함과 같이
아무리 속이 좋아도 격식 없인 허방이다.

세월호 인재지변 생각수록 더 아프다
선원들 제복 입고 맡은 소임 다했다면
아마도 기강이 강해 그런 참사 없었을 걸.

기본이 잘된 나라 겉과 속이 좋은 나라
곪아서 터진 상처 빨리 꿰매 치유하되
소잃고 외양간 고치기 이젠 다시 없어야지.

지금 여기 서 있다

웬 말인가 겨운 인생 낙심하고 쓰러짐은
아브라함 백세에도 이삭을 낳았으니
친구여 지금껏 여기 서 있는 건 큰 환희다.

맘 비우고 사는 모습 한살이도 물 같아야
깨어나 훑어보니 천년 묵은 향나무도
도끼에 찍히고서야 향내 짙게 나는구나.

파천무(破天舞)

때로는 부서져라 허공 때려 한을 풀면
뎅그렁 우지끈 되려 천둥 번개 친다
앙가슴 불똥 튀긴다 땅 꺼풀이 출렁인다.

복장 터진 산산조각 허공에 뿌리면서
천성 길 복음 따라 휘어 도는 큰 춤사위
열려라 하늘 문이여, 천성 벽을 두드린다.

사진 속의 꽃미남

꽃 속에 속물 드니 부끄럼이 활짝 핀다
은근슬쩍 백발 덮고 동안인 체 얼굴 뵈니
돌담길 개나리꽃은 깔깔대며 비웃는다.

코끝엔 봄꽃 향기 온몸을 휘감는데
꽃미남 따로 없다며 멋쩍음도 꽃핀 순간
활짝 핀 억지 웃음꽃 온 누리가 꽃밭이다.

검버섯

버섯은 버섯인데 밤이 준 훈장이라
밤 도와 몰래 피는 요기조기 나도 밤꽃
땅거미 목숨을 걸고 별빛 따라 다닌다.

얼룩진 노을 언덕 허위허위 기는 노심
겁에 질린 곱사등에 저승꽃 도장 받고
녹슨 벽 어루만지며 먼 하늘만 쳐다본다.

복날 오후 풍경

태양이 이글이글 숨 막힐 듯 타오르니
불가마 가로숫길 찻소리도 휘어지고
매미들 목청 터져라 시위하듯 울어댄다.

더위 먹은 긴 트럭은 길가에 누웠는데
헉헉대는 전봇대는 처진 양팔 흔들면서
바람아 날 살려 달라 백기 들고 서 있다.

돌 던지는 사람들

손 저어 입을 막고 눈 뜨고는 못 볼 광경
그 누가 죄 없다고 정죄하며 돌 던지나
민심도 흉흉해지니 역사마저 등 돌리네.

잔인했던 그 겨울 끝 수척해진 나라의 꼴
붉은 하늘 멍든 산하 피 토하며 울먹이니
탕자여 긴 세월 보고 돌 버리고 내려오라.

(2025)

고슴도치의 딜레마

톡톡 쏘는 그 눈총이 가시보다 더 따갑다
목화꽃 그 미소면 가슴 절로 반길 텐데
콕콕콕 찌르는 아픔 안을수록 더 따갑다.

차창 안에 갇힌 파리

유리창에 달라붙어 푸득푸득 파닥이다
이리 닫고 저리 닫다 좌충우돌 부딪히니
탈진한 피투성이로 먼 하늘만 바라본다.

한숨은 창문 가득 뚫고 나갈 재간 없네
눈 앞엔 보이는데 잡히지는 않는 세상
빗장문 여는 큰 손에 파리 목숨 걸어본다.

행복 계산법

만족은 덧셈이고 감사는 곱셈이고
사랑은 나눗셈이나 나이만은 뺄셈이네
행복은 지킬셈이니 생각대로 쑥쑥 큰다.

발가락에 볕 들은 날

헐레벌떡 전철타고 옳거니 자리 앉아보니
난데없이 쏘아대는 따끔따끔 눈총 세례
아뿔싸 이게 웬 일인가 내구두가 짝재기네.

에구에구 신사 체면 이게 무슨 망신이람
얼굴이 화끈거려 한쪽 발을 들이 미니
건너편 킥킥거리며 옆엣사람을 툭툭 친다

쥐구멍 어디 있나 내 정신도 짝재긴가
출근 구두 안 챙겨준 그 원망이 치솟는데
눈 감고 군자불기(君子不器)라 웃음 깔고 떠나라네.

허허허 오늘 하룬 발가락에 볕 들었네
망신살 뻗친 김에 하하 호호 덮쳤으니
모처럼 웃음꽃 핀 날 금단의 벽 허물었네.

'시조 부흥'의 불씨를 지피며

시조는 뿌리문학 한국인의 자랑인데
뭇 시인 외풍 타고 우리 것을 홀대하니
갓 쓰고 양복 입은 꼴 보기조차 민망해라.

온돌방 뜨끈뜨끈 한류풍도 훈훈한데
나라 안은 내 것 두고 낯 뜨거운 외풍 바람
벌꿀도 토종이 좋거늘 조고각하 다시 봄세.

시조 향기 그윽하다 조상 숨결 다시 인다
삼장 육구 그 가락에 겨레 얼 담겼으니
만백성 다 일구어서 온 누리로 떨쳐 봄세.

시조향은 그윽한데

그래요 뿌리문학 시조향은 그윽한데
외풍에 떠밀려서 홀대받는 모양 보면
가슴에 천둥이 쳐서 만 갈래로 갈라지오.

'때문에'와 '덕분에'

가난 물림 그놈 때문 궁상떠는 내 팔자야
너 때문 당신 때문 시궁창에 박혔구나
이 뭣고 밑바닥 인생 모두가 다 너 때문야.

아느냐 일용 양식 눈물 뿌린 덕분인 줄
화살 맞은 그 덕분에 전신갑주 둘러 입고
후려친 당신 덕분에 주먹 불끈 일어섰네.

어둠길은 '때문에'고 밝음길은 '덕분에'다
죽어가고 일어섬이 마음먹기 달렸으니
가시로 방패를 삼고 그 덕분에 하늘 보세.

나만 보는 불로화(不老花)

벽에 걸린 벽상 미녀 나만 보고 웃어 좋다
손길도 너무 좋고 눈빛으로 품어 좋다
검버섯 가리지 않는 웃음꽃이 너무 좋다.

눈물의 무덤

눅진 장작 태우자니 눈물부터 자꾸 난다
시름 섞어 엮은 세월 활활 타진 못한대도
노을빛 멍든 눈물은 구름 되어 하늘 난다.

딱하다

먹을 게 전혀 없어 굶는 것도 딱하고
이가 없어 못먹는 건 더더욱 딱하지만
짝 두고 떨어져 사는 건 보기 더욱 딱하다.

제5부
어느날 시선(詩仙)되어

채송화를 보려면

밤송이 맛보려면 나무 등에 올라타고
장미꽃 꺾으려면 칼자루가 필요하지만
채송화 바로 보려면 두 무릎을 꿇어야 한다.

더하기와 빼기

날짜를 더할수록 삶은 자꾸 빼기 하고
받기만 더할수록 사랑 자꾸 빼길 하며
욕심이 더해질수록 행복 자꾸 빼길 한다.

무서운 가방

학동들 가방 속엔 서툰 꿈이 숨을 쉬고
회사원 가방 속엔 골머리가 꿈틀리고
탑승객 가방 속에는 두려움이 숨어 있다.

입 벌린 농구 골대
— 구두쇠에게

그물망 늘 쳐놓고 입 벌리고 서 있는 꼴
밥질 생각 전혀 않고 고량진미 찾는구나
입 벌려 꿀꺽만 하고 뱉어낼 줄 모르네.

오늘은 누가 넣나 먹는 데는 이골이 나
얼굴에 철판 깔고서 이리 기웃 저리 기웃
맨입에 열 잔 먹고도 나 몰라라 뒷짐지네.

고덕산은 고독산

산령이 두 팔 벌려 그 가슴에 안겼더니
산문 밖 찻소리가 여기까지 올라온다
목이 쉰 장끼 소리는 신천지를 노래하고.

산 내음 날로 먹고 잎새 위에 포갠 산심
두 귀 쫑긋 산새 되어 옛 추억을 불렀더니
홀로 핀 진달래꽃만 얼굴 살짝 붉히더라.

그냥 마냥

좋아한단 말 한 마디 낯 붉어져 못하걸랑
날보고 눈빛으로 '그냥'이라 말해 주오
'그냥'에 당신을 사서 '마냥' 어치 품으려오.

낙화암의 붉은 꽃잎

침묵 속에 팔을 벌려 암벽 쪽에 뻗었더니
삼천궁녀 아우성이 줄을 타고 올라온다
가냘픈 산새 소리는 붉은 꽃잎 입에 물고.

절박한 발길 따라 거친 숨결 줄을 잇고
처절한 비명소리 핏빛으로 낙하하니
지금도 백마강 물결엔 천년 한이 떠간다.

사랑꽃 진달래

달래는 손 정겹고 주는 손은 살가워라.
달래달래 손달래 달래달래 발달래
손발로 그리움 달래 몰래 피는 달래꽃

첫사랑이 농익어서 알콩달콩 정겨워서
손달래 발달래 달래달래 진달래
당기며 어루만지며 붉게 피는 사랑꽃

도담 삼봉

첩실봉 아양 떠니 정실봉은 돌아앉고
강물에 비친 얼이 노욕을 공격하니
삼봉(三峰)*은 하늘 뜻대로 순리대로 살라 하네.

* 三峰 : 정도전의 호

솔바람차를 마시며

맑은 물 두물머리 버들 섞어 몸을 씻고
솔바람 마시면서 허위허위 올라보니
수종사 독경소리가 강줄기요 바다더라.

노욕도 이겨 넣고 사랑도 우려 넣고
따순 햇살 세 스푼에 솔향 끓여 찻잔 드니
저절로 산인이 되어 우화등선 둥둥 뜬다.

허(虛)박사의 달빛 사랑

구름이 쉬어간들 바람 없이 다시 갈까
당기면 달아나고 퉁기면 되려 붙고
어쩌랴 노을빛 속에 달빛 찾는 긴 그리움.

숙명의 여로 따라 달빛의 자취 따라
끈끈한 눈물 타고 세월 따라 흘러온 정
이따금 천둥이 쳐도 허허 하면 살겠네.

어느 날 시선(詩仙)되어

보름달은 웃음 짓다 나뭇가지 걸렸는데
산굽이 능선들은 바람 따라 구름 따라
산 너머 그리움 몰고 물결치며 오네요.

달빛에 멱을 감고 산빛에 시름 씻고
조급한 재채기로 울퉁불퉁 시를 쓰니
삿갓 쓴 풍월주인이 어서 오라 손짓하네.

거미가 낫다

거미에게 물어본다 허공에 줄 친 솜씨
인생사 바둥바둥 펼쳐봐야 다 허문데
그물망 짜놓은 솜씨 신비롭고 놀랍구나.

인간 탐심 그물망은 망신살로 찢어지나
술술술 뽑아내는 공중 직조 놀라우니
그렇군 거미만도 못한 이 비릿한 욕망의 탑.

속 썩은 고목나무

괜찮은 척, 눈감지만 괜찮지가 않습니다.
안 아픈 척, 웃지만 쑤시고 아픕니다.
속 썩은 가슴 속에는 눈물꽃이 피었습니다.

암(癌)

구름은 태양빛을 다 가리지 못하고
강물은 큰 바다를 넘치질 못하는데
오늘도 저 작은 산이 큰 산을 가리누나.

허씨(虛氏)네 가족

호호호 간들 웃음 히히히로 깔아들고
허허허 허풍 속에 허장성세 넘쳐나면
으흐흐 할애비 탄식 문지방을 넘는다.

시궁이후공(詩窮而後工)

고산(孤山)도 소동파(蘇東坡)도 배소에서 떠돌다가
울퉁불퉁 인생길에 화조월석(花朝月夕) 벗을 하니
단꿈 속 무릉도원(武陵桃源)도 칼날 끝에 묻어 오네.

웃지요

누군가 건네는 말 운 좋다 말하길래
솔방울 많이 달린 저 소나무 가슴 보소
속 썩은 허울만 덜렁 그냥 이렇게 웃지요.

공

떨어져도 통통 튄다 모나기도 거부한 채
발길에 걷어채며 이리 둥글 저리 둥글
바람기, 그마저 없다면 내 생명은 끝이다

　　＊ 진의하 시인의 「공」을 떠올리며.

요람기(搖籃記)

고희 넘겨 나이드니 맘은 더 동심이다
강보에 싸인 한이 불현 듯 울컥하니
사모곡 그리움 속에 다시 젖는 이 마음.

사진 한 장 없이 가신 그 모정이 야속해라
찬 세월 모진 풍파 덕지덕지 엉긴 눈물
서러움 줄줄이 꿰어 하늘 보며 살아왔네.

오늘 낮 손자 손녀 서로 시샘 하는 말이
"엄만테 이를 거야" 오직 엄마 의지하니
그래라 마음껏 누려라 맘속으로 축복했네.

오늘도 속 감추고 흐느끼는 어린 마음.
할퀴고 괴롭히고 미움 뿌린 이들 앞에
'엄만테 다 이를 거야' 이말 한번 해 봤으면.

돼지는 하늘을 볼 수 없다

땅만 보는 돼지 먹성 천심을 어찌 보랴
천성길 가는 길엔 꽃길 줄줄 많다는데
먹거리 눈먼 심보는 배 터져도 땅만 긴다.

묵향의 띠 두르고 하늘 보며 물마시고
청심에 발 담그고 야광명월 품고 보니
공명도 겉옷을 벗고 밝은 미소 보내온다.

어둠은 땅에 묻고 기쁨은 씨 뿌리고
십자로 올라서서 까치발로 위를 보니
백향목 눈꽃 사이로 하늘길이 열려 있다.

매듭 풀기

슬픔의 멍울 펴서 햇살 한 줌 이겨 넣고
미운 털 쏙쏙 뽑아 몸 낮춰 으깨보니
엉겅퀴 우거진 골에 웃음꽃도 피더라.

수련에게

얼마나 고였다가 뿜어낸 고요더냐
별빛달빛 닮은 미소 파문은 속에 일고
살포시 하늘을 보며 기지개를 켜는구나.

곱디고운 이름 앞에 내 이름은 지우리라
수심을 머금은 채 고운 님 그려놓고
또르르 물방울 뿌려도 손사래 치는구나.

하늘이 물 위에 떠 눈감아도 극락이다
억겁을 돌고 돌아 인연으로 다가설까
나는 또 자맥질하며 너의 이름 불러본다.

눈물이 짠 이유

사람의 마음속엔 하늘 닮은 순심 있다
눈물은 너와 내가 하나 되는 통수라서
한 맺힌 응어리들을 다 녹이고 다 삭힌다.

바다 같은 마음이면 갯골물이 합수하고
펄펄 끓는 가슴이면 끓다 터진 용수이니
너와 나 눈물로 만나면 하늘 문도 열 수 있다.

칼바람에 꺾인 가지 땡볕 속에 타고 있다
눈물은 참고 참다 시름 말려 터진 줄기
썩은 속 절여 내리는 울화통 속 소금이다.

아름다운 이름은
— 고린도후서(6:9~10)를 생각하며

무명한 자 같으나 은근히 유명한 자요
죽은 자 같으나 살아 있는 숨은 자요
징계를 받은 자 같으나 용서 받은 양이로다.

근심하는 자 같으나 범사에 기뻐하고
가난한 자 같으나 많은 이를 부요케 하고
가진 것 없는 자 같으나 모든 것을 지닌 자다.

둥지 틀기

아침밥 먹다 보니 밥사발이 동그랗다
광풍에 꺾인 가지 미풍에도 뼈아픈데
동그란 사발 속에선 아우성이 솟구친다.

동글동글 얼굴들이 둥글둥글 뜨는 아침
지구도 동글동글 해와 달도 둥글둥글
돌돌돌 세월 말아서 둥근 둥지 틀어 본다.

철사옷걸이

토막 잘라 덜렁덜렁 발가벗겨 목매달고
밟히고 걷어채고 빨랫줄로 쫓겨나고
앙상히 뼈대만 남아 바람결에 날리누나.

삐쩍 마른 갈비뼈에 무거운 짐 휘청이다
어느날 무더기로 폐기장의 처형이라.
켜켜이 쌓인 원한이 구부려져 땅 헤집다.

나도야 한 식구요 허울 좋은 인물인데
철거민 눈빛 사이로 피어올라 하늘 볼까
정말로 '있을 때 잘해' 이 말 한번 뱉고 싶네.

이생몽유록(李生夢遊錄)

기러기 하늘 길은 달빛 타서 좋았구려
어젯밤 그대 곁에 찰라 꿈이 천년인 듯
눈감고 달님 품으면 오늘밤도 옥루(玉樓)려나.

돌 하나

골라잡아 집어 든 돌 아직까지 숨소리다
눈길 끄는 까만 몸매 만질수록 정감 느껴
둥글고 싶었을 게다, 너와 나의 편한 해후

돌화살촉이 하는 말

둥글고 싶었는데 어쩌다 붙잡혀 와
날카롭게 갈고 닦여 피눈물을 보게 됐나
한평생 목구멍 겨눈 가시 같은 존재다.

숙명은 세월 넘어 내일 보고 말하는 거
서툰 피맛 민망해서 땅속 숨어 하늘 보고
먼 훗날 역사 겨냥해 숨 고르며 누워 있다.

어느 때 어느 곳에 돌무덤꽃 피워 볼까
무수히 쏘아 꽂힌 비정한 날 세월 저편
사냥은 생명을 낳고 부활의 꿈 이어가네.

상사화(相思花)

까치발 알몸 세워 하늘 한켠 바라보다
손나팔 꽃잎 열어 님의 이름 불러본들
기어이 만나지 못한 이 가녀린 그리움.

산 너머 산 있지요 물 건너 강 있지요
가슴속 님 지우려 숙명인 양 눈 돌려도
애타는 연분홍 몸짓 제자리만 맴도네.

어머니는 살아계시다

아들아 나 여깄다 일어나라 손 내밀며
때때로 울어대는 산비둘기 하늘 소리
구구구 구원의 손길, 정 뿌리며 따라오네.

생이별 천추의 한 하늘서도 잊지 못해
높은 나무 산새 되어 땅 보며 곡한 사연
오늘도 넘어지지 말라, 나를 보라 고이시네.

어머님 얼굴

야속한 모진 세월 사진 한 장 없더이다
꽃상여 문을 열고 얼굴 언뜻 뵈셨나요
꿈길로 찾으려 한들 돌아서면 허공이네

세 살 적 핏빛 한을 꽃상여가 못 가져가
안타까운 천추의 한 북망산은 늘 슬픈데
이 몸이 한 번 뵈오면 여한이 없으리다.

어머님 그리는 정은 묻으려도 다시 돋네
그리고 또 그려보는 자애로운 당신 얼굴
사모곡 시 한 수 읊고 설운 세월 달랩니다.

부딪침의 원리

내 밉다 외면하면 홀로 간들 맘 편할까
톱니를 못 맞추면 부푼 꿈도 허상인 걸
만나서 부딪쳐야만 높이 뜨는 축배의 잔.

튕겨야 소리 나는 거문고 운율 속에
그린 님 산 능선에 구름 떴다 달이 떴다
너와 나 맞부딪쳐야 종 울리는 사랑의 탑.

마라도는 말한다

꿈 따라 발길 따라 숨결 따라 찾아온 섬
흙 다시 만져보고 바닷바람 쐬어보고
최남단 비문에 서니 섬의 토신 말을 건다.

독도야 이어도야 혼자 쳐진 대마도야
등댓불 끄지 말라 잊지 말라 배달의 넋
여기도 종점 아니다 말 달리는 마라도다.

제주 돌담

높지도 두껍지도 아슬아슬 놓였어도
그래도 끄덕 않는 그 근성은 무엇인가
까만빛 돌담 미소가 발걸음을 붙잡네.

구멍 숭숭 뚫렸으니 온갖 풍상 다 거른다
태풍이 후려치고 바닷바람 몰아쳐도
맘 비운 제주 돌담은 무너지지 않는다.

월령리 선인장

쓰레기로 떠밀려온 이국땅의 불청객이
해변가 월령리를 다 뒤집어 점령하고
누구든 얕보고 덤비면 치명타로 콕 찌른다.

사막의 이슬 먹고 지독히도 버틴 목숨
모질게 지킨 생명 독가시로 방어하고
백년초 만병통치로 온 제주를 통치한다.

겨울 산채

인적 끊긴 깊은 산채 다람쥐 눈 흘기고
쓸쓸한 섬돌 위엔 신발 한 짝 조으는데
노을빛 번뇌소리만 낙엽 되어 흩날린다.

'아프다'에 대하여

아프다 아프다며 넘어갈 듯 호소하면
가슴이 철렁한다 한쪽 뼈가 녹아들 듯
겁먹은 노심초사는 하늘 향해 손사래고.

여인네들 평균수명 남자보다 훌쩍 긴데
어이해 아낙들은 밤낮없이 더 아플까
속 썩은 지아비 마음 '난 괜찮다' 하늘 본다.

나무지팡이

찌를 듯 겁을 주는 쇠지팡이 멀리 하고
옛날이 그리워서 나무 장(杖)에 이름 새겨
청심을 잡아당겨서 휘이휘이 일어선다.

쓰러질 듯 휘청여도 툭툭 털어 몸 버티고
할배 정 내 밀어서 할멈 사랑 당겨오니
노을빛 정겨운 인연 벽공 속에 새로 뜬다.

노고단에 올라 보니

성삼재 꺾어들어 노고단을 오르려니
마음은 앞서가나 한 발짝이 천금 같다
손주들 잰 걸음 앞에 노익장은 뒤처지고.

구절초 절심 받아 노고할매 만나보니
어머님 젖꼭지로 백두대간 펼쳐지고
명치끝 아픈 가슴은 하늘길로 다 잇더라.

  * 2016년 9월 15일(추석날) 가족 동반 등산

사비궁을 돌아보며

우람한 정양문(正陽門) 앞 태양빛이 더 뜨겁다
천정전(天政殿) 들어서서 성왕(聖王)을 알현하니
떨쳤던 대국의 꿈이 용상 가득 펄럭인다.

능사(陵寺)엔 오층 목탑 하늘을 찌를 듯이
정교함과 웅장함이 천하제일 비경인데
백문(百聞)이 불여일견이라 발길마다 탄성이라.

가슴 연 사비(泗沘)의 미(美) 무지갯빛 찬란하다
청사를 가로질러 용마루를 이어보니
한 서린 백제의 넋이 푸른 하늘 이고 섰다.

시조비 세운 공덕
―동이(東二) 벗님들께 보내는 감사의 글

나보다는 친구 먼저 가슴 열고 꽃핀 우정
갯바람 해조음 타고 더 큰 울림 퍼져가니
해당화 꽃길에 서서 정든 벗님 생각하네.

하늘 아래 이런 미담 어디 가서 찾아볼까
사랑도 사심 앞엔 참빛이 퇴색커늘
동이들 얼굴빛에는 동녘빛이 물들었네.

야속한 세상 인심 고해라고 혀 차지만
눈물겨운 금빛 우정 고금 중의 으뜸이라
천지가 무너진대도 동이탑은 영원하리.

정성은 꽃이 피고 관포지교 다리 놓아
청사에 길이 남을 우정의 탑 우뚝 서니
시조비 세운 공덕은 세세토록 빛이 나리.

(2017.7.6.)

훨훨 날고 싶어라
―東二 팔순투어를 자축하며

인생길 긴 듯하나 눈 깜짝할 새 날저무네
핏빛 어린 보릿고개 쓰라렸던 지난 시절
다 겪고 팔순 맞으니 감격 넘쳐 눈물이오.

등 굽은 세월 속에 이게 또 꿈이런가
세상 근심 다 떨치고 팔순 투어 맞이하니
하늘도 박수를 치네 구구 팔팔 당겨 놨네.

벗님네야 훌훌 털고 어깨동무 유람하세
푸르른 날개 달고 훨훨 날고 싶소이다
어허야 설레는 마음 다시 동심 불끈 솟네.

철커덕 거북 열차 그 낭만도 그리운데
분 넘친 고속 열차 이게 어인 천국인가
너와 나 금빛 얼굴에 만수무강 씌어 있네.

문학사의 높은 별, 석북(石北) 선생

서천 땅 금빛 어린 하늘빛도 고운 산하
높은 뜻 문향 따라 석학 정신 뿌리 내려
백락천 장한가보다 관산융마(關山戎馬) 더 높구나

민초들 어루만진 달빛 닮은 청백리상
조정의 일등 문장 영조대왕 찬(讚) 높으니
그 문명(文名) 세상에 떨쳐 온누리를 밝혔네.

시조는 뿌리 정신 고운 손길 시심 모아
시조명칭 유래 찾아 관서악부 남겼으니
그 공로 국문학사에 세세토록 빛나네.

(2014. 10. 30 한국시조협회 이사장 재직시,
서천에 시조명칭유래비를 세우고)

아, 동춘 시인

보랏빛 꿈을 꾸다 내 몸 찢어 두고 가신
떠난 님 여린 숨결 휘이휘이 서러워라
남긴 글 움켜서 보니 진문장(眞文章)이 게 있었네.

시혼(詩魂)은 구름 타고 시선(詩仙)이 되셨는가
달빛에 별빛 섞어 천성(天城) 밖을 떠도는 듯
그 눈물 빗물이 되어 고랑 타고 흐르네요.

문향(文香)의 띠 두르고 천은(天恩)의 새 옷 입고
주름살도 좋았더라 세상빛도 고왔더라
짐 벗고 홀가분하게 영생복락(永生福樂) 누리소서.

(2016)

시천(柴川)에 용(龍) 솟음치다
― 시천 유성규박사님 구순 축시

된바람 거친 세월 강산 몇 번 뒤집혀도
향그런 나이테엔 슬기 다진 선비 정신
시조향 생각만 해도 코끝 앞에 스치네요.

먹구름 다스리고 아픈 상처 다독이며
돌밭에 피땀 쏟아 금밭으로 가꾼 정성
그 손길 뿌린 씨앗이 앞다투어 피고 있네.

공명도 티끌같이 부귀영화 초개같이
인생길 오직 한 길 시조밭에 눈물 쏟아
이제는 노을빛 열매 이 강산에 아롱졌네.

금 긋고 달린 여정 멈출 수는 없지마는
후학들 줄을 이어 햇살 당겨 우뚝 서니
그 청심 하늘빛 되어 세세토록 빛나소서.

제2장

사금파리의 혼불

(자유시 편)

제1부
투명한 날의 자화상

투명한 날의 자화상

아니다, 아니다
나는 시인이 아니다
운명을 감추려는 내 안의 몸부림일 뿐이다
그러나, 아니다 아니다
나는 그저 나에게로 돌아가고 싶을 뿐인데
허망한 꿈이 씌워놓은 두꺼운 껍질이
나를 이렇게 가두어 온 것이다

오늘 같이 쾌청한 날
가슴 속이 더욱 흐려지는 것은
내 안에 갇힌 해묵은 침묵이 일기 때문이다
몸 낮춰
아내 체취 가득한 안방에 들어서면
구들 밑으로 흐르는 젖은 내 그리움
시계추 소리는 째깍째깍 운명을 재촉하는데
체념처럼 그냥 망상에 젖어서
내 접은 그리움만 드러눕는다.

(2001)

몰래 울보의 훔쳐보기

날 사랑하신다는 말,
당신의 말은 모두가 허울이었나요
절망의 끝은 어디입니까
전부 진실이라구요
찬미의 촛불은 꺼지고 신음은 깊어
운명을 맞이할 그릇이 작은 나는 이렇게
야속함에 지쳐 눈시울을 적시며
더 이상 당신의 말을 잇기 어렵습니다
지금 나는 기름 없는 등입니다
갈 길은 멀고 어깨짐은 무거운데
당신이 건넨 구원의 손길은 아득하여
한 가닥 생명줄만을 붙잡고 이렇게
엎드려 있습니다
버리지 않겠노라고 광야에 내팽개쳐진
이 어린 울보를 안고 가시던 당신 모습
이렇게 애타게 또 그리며,
십자로에 숨어서 몰래
당신을 훔쳐보고 있습니다.

(2001)

중생기(重生記)

지칠 줄 모르는 철인, 철인
동료들이 불러주었던 내 별칭이었는데
그러나 어느 날 갑자기,
가슴에 온 불청객
죽음의 그림자는 내 육신을 침범하였고
자만의 내 철갑은 녹이 슬었다

사경을 헤메며 응급실에 끌려갔을 때,
나는 내 인생을 정리할 시간을 주지 않으신
하나님을 크게 원망하였다
그러나,
수술실에서 천사들을 만나고
병실에서 수정빛 실로암 샘물과 작은 거북을 꿈꾸고
그리고, 향긋한 솔향기는 다시 내 코끝을 스쳐갔다

예전 같으면
이미 이 세상에 없어야 할 이 몸
나는 천은(天恩)의 망극함에 눈물을 흘렸다
죽음의 그림자가
나를 타고 넘지 못하게 하신 하나님
나는 다시 몸을 추스려 감사하며
또 히스기야의 기도를 올려본다.

(2001. 8. 8)

나무는 눕지 않는다

교정의 나이 든 단풍나무를 보니,
올해는 작년보다 더 아름답고
아기자기한 꽃단풍을 이루었다
늙어 추하지 않는 나무들,
숲속을 걸으면 그들의 일렁이는 숨소리가
꺼져가는 생명에 심지를 돋운다

평생을 서서 사는 나무들,
눕지 않는 그들에겐 원망이나 부끄러움이나
후회가 없다
낮에는 반짝이는 태양빛을 받고
밤에는 우주 신비와 생명의 대화를 나누며
놀라운 성장을 지속하고 있다

나는 자주 눕는다
나이들수록 자주 누워 추해만 간다
살아있다는 것은
자란다는 뜻이다
인생의 나이테가 켜켜이 쌓일수록
눕지 않고 서서,
더 아름다운 가지로 뻗고 싶다.

(1995, 연세대 교정에서)

보신탕 끓이는 법

손을 깨끗이 씻은 후 경건의 기도를 올리고
준비한 마음의 빈 그릇에 정성의 생명수를 부은 후
후후 불어 소망의 불꽃을 피운다
그리고는,
사다 놓은 살코기를 칼로 욕심의 기름기를 잘라내고
저주의 독을 빼서 냄새가 나지 않도록,
교만의 뿔도 잘라낸다
첨가물로 들어가는 원망과 불평은
뿌리를 잘라 잘게 썰어 다진 후에
신약과 구약을 함께 섞어 보글보글
화평의 소리와 사랑의 김이 오를 때까지
푹 끓인다
이 때,
느닷없이 슬픔의 곁바람이 불어와 불이 꺼지려 하면
좌절과 절망의 나뭇가지를 꺾어 불을 더 지핀다
푹 끓였다 생각되면,
의심의 씨를 빼낸 후, 기쁨의 향초를 뿌리고,
회심의 미소를 세 잔쯤 띄운다
그리고는 인내로 기다리다 믿음의 그릇에
오병이어의 반찬과 함께 입조심하며
감사의 숟가락으로 퍼서 먹는다.

(2001)

표류기(漂流記)

오늘 하루는 남기고 싶었는데
또 오늘 하루 버리고 떠나라 하네
봄은 참으로 짧은 환희
안타까운 한바탕의 가슴앓이
눈깜짝 할 사이에 아카시아꽃은 떨어져 버리고
가파른 인생길 어느새
뒤뚱거리다
멀어져 스러지려는구나

세월의 이랑에 심어두고 싶은 푸른 일기
그리운 마음 닿는 곳은 어딘가
강 건너 푸른 집으로 달려가고 싶은 마음에
꺼져가는 옛 심지 돋우며
살며시 그대 고운 이름 불러보네.

(2021)

실일(失日)

먼 산을 보니, 봉우리마다
첩첩이 구름 두른
주름 접힌 시간들
묵묵히 돌아앉은 아스라한 추억들이
애환의 틈새를 넘나들며
힐끔힐끔 내다본다

하루치의 그리움만 있어도
회색의 저 편에 새벽은 다시 올 거라고
발돋움 서성이는 노을진 추심(秋心)

구름 젖히고
삶의 곁가지를 드리워
세월을 낚아보지만,
잃어버린 계절은
다시 걸리지 않는다.

(2020)

용서(容恕)
— 왕십리역에서

왕십리역 지하보도에
눈길을 끄는 문구,
'가장 시원한 복수는 용서하는 것이다'

무거운 발걸음으로 지하도를 걸으며
내 초라한 자화상을 걷어차고
우산 끝으로는
일그러진 세월들을 쿡쿡 찔러본다

'모두가 다 웃기는 얘기지…'

말장난으로는 상처를 치유하지 못한다
내 진정 복수하리라
가슴팍이 작은 나는
너를 끼어 안을 수가 없다
하나 하나 힘겹게 지하 계단을 오르면서
굴러떨어지는 나신을 본다
짓밟히는 내 이름의 파편들을 본다

그런데 어느새
삐죽이 얼굴 내민 태양이
출구에 와,
위를 보라 한다.

(2007)

부활의 새벽

날마다 새벽 성전에 올라
내 영혼의 불을 지피며 부활의 당신을 초대합니다
말씀으로 천지를 지으시고
권능으로 우리를 주관하시는 당신 앞에
더럽게 불거진 교만의 뿔을 잘라내며
새벽마다 이렇게 엎드려, 두 손을 적십니다

어둠 속에선 더 잘 보이시며
엎드릴수록, 더욱 올려다 보이는 당신은
절망의 늪 속에서
구원의 따뜻한 손길로 날 건지사,
생명록에 내 이름을 올리시고
참빛으로 인도하신, 존귀하신 나의 구주이십니다

오, 부활의 새벽
당신은 오늘도, 참빛으로 나의 장막터를 넓히시니
나는 부활의 꿈을 먹고 사는
당신의 사랑하는 아들이옵니다.

(2001)

아름다운 시작

삶이 아름다운 이유는
모자이크처럼 쪼개진 스스로를 조금씩 붙여 모아
커다란 성장을 맛보는 재미일 게야
어제 짝짓기를 하는 남생이를 보았어
올라탄 수놈이 암놈보다 작더군
그걸 보고 작은 놈이 승리한다는 사실도 알았어
그러고 보면 삶은 아름다운 발견이지

그동안 허공에 쓴 이름, '허명무실'
한없이 작아진 빛바랜 내 이름이 불만인 게야
참으로 범람하는 파렴치 속에서
쏟아지는 달빛마저 자르고 싶었지
하지만,
십이 동물의 경주에서는 덩치 작은 쥐가 이겼다지
그래, 이제는 뒤돌아보지 말아야지.

(2004)

나의 명언, 군자(君子)는

군자(君子)는,

나의 기분으로 남에게 폐해를 끼치지 아니하며
유리하다고 교만하지 않으며, 불리하다고 비굴하지 않으며
심성은 항상 물처럼 부드럽고 낮게 흘러 겸손하며,

표정은 늘 기쁨을 낳고 대상을 맑고 깨끗하게 하며
산에 가면 산 사람, 바다에 가면 바닷사람이 되며,
스스로에겐 인색하나 남에게는 베풀려고 힘쓰며,

환희의 꽃등을 밝혔을 때, 감정 표현이 물같이 조용하며
지혜의 내 가슴은 항상 비어 있다고 생각하여
늘 말씀 받을 준비가 되어 있으며,

마음은 열려 있어
사랑에 대하여 받기보다는
주기를 좋아하는 측은지심이 많다.

(2014)

새벽 강가에 서서

산은 깊고 험하지만,
물은 그 산 밖으로 흐르네
어제가 오늘과 같지 않듯이
구름은 또 다른 모습으로 내 앞에 다가오니
물은 흐렸다가 그 본성대로
흘러가며 항상 맑으려 애쓰네

그대 사랑하는 마음은
밤새껏 구애하는 매미 울음소리로
이밤 철철 넘쳐 지나가노니
산 계곡 험한 바위틈을 지나
아름다운 슬픔을 삼키며
맑은 새벽 강물 위에 유유히 흐르네.

(2004)

굳이 갈 양이면

허무하이, 허무해
허구 많은 날
어허 무에 그리 급하다고 이 사람아
허무러진 상여 치켜올리고
자네 발자국 묻어 있는
밤골 산 모퉁이 바람 뿌리며 가는가

황톳길 산밭 북망산엔 아직도
비틀거리는 만가 지나간 뒤에도
술 취한 달공 소리에 섞여
자네의 '으흐흑' 흐느끼는 소리
묵 메인 한숨 소리가 떠도네그려

굳이 갈 양이면, 이 사람아
세상 인연 한 바퀴 돌아보고나 갈 것이지
피붙이 다 놔두고 급히 가면서
담 큰 자네가 바보같이 울기는 왜 우나

그려 그려,
자네 구천의 긴 한숨 듣지 않아도 알겠네
굳이 갈 양이면, 이 사람아

옥죄어 온 무거운 육신의 닻줄은 끊게나
빈손으로 혼자서 떠나는 먼 별자리 여행길
뒤돌아보지도 말고 가벼이 편히 가시게나.

(2022)

끊어진 가야금줄

무던히도 버티었으리라
허리띠를 바짝 조르고
팽팽히 세상 당기며 울다가
어느 날 돌연 견디다 못해
제 목소리 놓았으리라

울다가
아픔의 외마디 소리 지르며
세상 밖으로 던져졌을 자존심,
더도 말고 덜도 말고
느슨할 땐 당겨 주고
팽팽할 땐 풀어주는 조율이
삶의 요령인 줄 알면서도
여기저기 찔러대는 비수에
견디다 못해 숨을 끊으니

버려진 채로 소리 위에 떠도는 너는
아마도 사랑에 굶주렸던 게다.

(2015)

묏버들 애무가 하늘까지

내 몸을 빌어
솟구치는 그리움 영원히 흐르게 하리
죽어서도 우주 공간에
아름답게 피어 떠다니는 것은 분명
애틋한 사랑의 화접(花蝶)들이리

가장 소중한 사람의
가장 아름다운 운명적 만남
시공을 초월한 홍랑의 단심처럼
묏버들 애무가 하늘까지 닿은 사랑
세상에서 가장 행복한 사나이 고죽(孤竹)[*]은
죽어서도 유즙을 빨고 있으니
천만 년 지나도록 님의 곁에 떠도는
절류(折柳) 시인 홍랑의 선홍빛 사랑.

(2005)

* 고죽(孤竹) : 조선 선조 때 삼당시인 최경창의 아호

도둑과 시인

시인은 도둑처럼
담장 너머 갖고 싶은 것만을 살며시 훔쳐온다
시인은 도둑처럼
창을 통하여 인생의 문제를 해결하려 애쓴다
시인은 도둑처럼
올빼미 눈을 가지고 밤의 명언을 훔쳐온다
시인은 도둑고양이처럼
때때로,
도마 위에 올라가서 먹이를 쪼곤 한다

도둑이 복면을 즐겨 쓴다면
시인은 가끔 가면을 즐겨 쓴다.

(2004)

내가 산을 좋아하는 이유

일찍이 내가 산을 좋아했던 이유는
거기선,
나를 숨길 수 있기 때문이었다
비명은, 늘 나의 어깨에 걸터앉아
나를 짓눌렀지만,
산 속에 들어오면
그놈은 슬며시 내 곁을 떠나갔다
어머니의 영혼은 늘 산비둘기 소릴 타고
골짜기를 내려오고,
가난을 먹고 살던 서러운 동심
나는 어머니의 젖을 빠는 대신,
골짜기의 좁은 토굴 속에 비집고 들어가
암벽 틈새에 줄무늬로 박혀 있는
빠알간 '동화흙'을 파먹고
내 생명의 불씨를 지폈다
아, 지금도 살아 숨 쉬고 있는
나의 황톳빛 산 그늘이여.

(2008)

발

외출을 금지 당하고
억압과 핍박 속에 짓눌린
그 삶의 무게,
다 버티고도
권리를 감추고 희생을 감수하는 너는
허공에 뜰 수 없는 존재
발뻑 치며 소리낼 수도 없는 두 바닥은
오늘도 고독하구나
수치스런 냄새,
어쩌다 틈어 경건을 지어내도
순수를 가식하지는 않는다
그래도
발길이 떨어지는 순간,
점(點)은 선(線)이 된다.

(2010)

당신이 오기까지

배는 떠나지 않습니다
당신이 오기까지

강 건너편
우리들의 푸른 집은 손짓하는데
햇살에 다시 뜨는 강변의 언약

내 사모의 정이 풍화되어 화석이 된다 한들
맨발로 뛰어오는 당신을 위하여
나는 나의 노를 젓지 않을 것입니다

낯선 손님들이 배를 흔들어
배가 기울고 파문이 일어도
당신이 오기까지
배는 떠나지 않을 것입니다.

(1974)

그대, 긴 여로에

그대 달려오는 길
유성들의 별빛 우수수 쏟아지거든
은하 저편 견우의 그리움인 줄 아옵소서

질주하는 바퀴들의 불꽃 튀는 발작
달리는 길 달빛마저 흩어진다면
설핏한 세월 타버리는 시름이라 여기옵소서

두렵고 험한 긴 여로
실성한 아수라의 어둠이 앞길을 가로막거든
연분이 깔아놓은 꽃길로 달려옵소서

그대 긴 여로에
첩첩 산 넘어 따라오는 달님이 미소짓거든
봉창에 속삭이는 내 사모의 정이라 여기옵소서.

(1973)

제2부
당신의 향기 묻어

당신의 향기 묻어

바람 한 잎 나부낌에도
나를 돌려 세우는 까닭은
당신의 향기 때문입니다

어느날 갑자기
가녀린 몸짓으로 십자로에 다가와
하늘에서 내린 부싯돌 하나
가슴에 등불을 켜놓고
꽃향수 뿌리고 간 당신은
이제 나의 당신입니다

과거와 미래가
수많은 밀어들을 속삭이다가 끊어져 나간 자리
나는 그 자리에 앉아
오늘도 청록빛 당신을 봅니다

별은 어두울 때 더욱 빛나고
가장 약한 자가 가장 강한 자라는 섭리는
당신의 향기 묻어 더욱 반짝입니다.

(1995)

먼 옛날 이야기

먼 옛날에,
아주아주 먼 옛날에
당신과 난
함께 살았다오
그때에도
부창부수(夫唱婦隨)라며
이별 연습을 아파하면서
이렇게 함께
손잡고 살았다오

먼 옛날
아주아주 먼 옛날
다시 또 올 그 옛날에도
당신과 난
꽃둥지 짓고
'현부령부귀(賢婦令夫貴)' 하니
'부귀처영(夫貴妻榮)' 이라며
이렇게 손잡고
다정하게 살았다오.

(2002)

물단지, 꿀단지

하나님 쓰시는 대로
물 담으면 물단지
꿀 담으면 꿀단지

빚진 죄인 이내 몸도
하나님 섭리대로
이웃 사랑 온유 화평
회개 눈물 넘칠 때면,
두려워하지 말라
쓰임 받을 꿀단지야

하나님 쓰시는 대로
물 담으면 물단지
꿀 담으면 꿀단지.

(1999)

김밥을 먹으며

김밥을 먹으면
형식도 내용만큼
아주 아주 중요하다는 걸
인식할 수 있다

옷을 두르지 않으면 사람이 아니고
김을 두르지 않으면 김밥이 아니니
겉의 맵시로야 속 또한 옹골차다
속을 겉을 낳고
겉은 속을 낳는다

당신을 만났을 때,
천(千)의 얼굴로 달리 떠오르는 것은
겉으로 드러나는 맵시, 그리고
때때로 풍기는 글씨나 말씨나 솜씨에 따라
마음씨가 달리 비쳐 보이기 때문이다.

(2009)

다윗처럼

나에게서 당신을 지우면
남는 건 아무 것도 없습니다
말씀으로 하늘을 지으시고
입김으로 별을 만드셨으며
바닷물을 모아 독에 담그신 놀라우신 권능
손금 보듯 지켜보시는 눈매 두려워
어둠 속에 지었던 탐욕의 움막
헐어 버렸습니다

나는 어쩔 수 없는,
당신의 나입니다
내가 능욕의 골짜기에 누일지라도
내가 절망의 늪에서 허우댈지라도
약속의 지팡이로 건져주셨던 당신,
당신께선 날 섭리하시고
피난처 주시어 승리하게 하십니다.
어둠 속에선 더욱 잘 보이는 당신
원구가 넘어질 때 기뻐하지 않게 하시고
악인의 꾀를 좇지 않게 하소서

나는 바람 불 때마다 흩날리는
한낱 연약한 잎새와 같습니다

골리앗을 넘어뜨리는 지혜는 오늘도
나를 당신이게 합니다

일어서서 하늘 보며
당신 뜻대로 감사하며 살게 하여 주소서
나는 어쩔 수 없는,
당신의 나입니다.

(2001)

낮은 데로 앉으세요

낮은 데로 앉으세요
키가 큰 사람은 아주 낮은 데로
크고자 하는 이는
더욱 낮은 데로 앉으세요

하늘 높은 날,
사람들이 산을 오르는 것은
정복하기보다는
자기의 낮음을 배우기 위함이지요
물이 낮은 데로 흐르는 것은
하늘로 오르기 위함이지요
어릴 때 올랐던 감나무 꼭대기
지금 오르면 왜 그리 무서운지-
두 손 모이 기도할 때
왜 그리 무릎을 꿇는지
이제는 알 것 같군요

낮은 데로 앉으세요
바람 잔잔한 그 자리는 아늑하군요
바쁜 세상,
전화 한 통이면
미움도 슬픔도 사라진답니다

아하,
눈 감으면
낮에도 별이 보이구요.

(2007)

바보를 사랑하는 이유

내가 바보를 사랑하는 이유는
바보가 바보가 아닌 이유와 같은데,

바보는 잘난 사람보다 대하기가 편하기 때문이고,
받고 싶은 마음보다 주고 싶은 진심이 앞서기 때문이고,
나서는 이보다 훨씬 현명하여 지혜롭기 때문이고,
그래서 내 마음의 빈 자리를 채워주는
'바로볼수록 보고 싶은' 정인(情人)이기 때문이다.

그러나 무엇보다도,
진실로 바보인 내가
바보 같이 나를 변명하는,
수단일 수 있는 그것이 바보밖에 없기에
나는 바보를 사랑한다.

(2004)

잡초(雜草)

선짓국 뜨거운 국물에
입김으로 피어오르는 숨소리
시름 살풀이 하듯
햇빛 쏟아지는 초원을 그리며
서린 김은 창문 틈새로 휘어 빠지다

모진 세월
기어이 흙을 떠나지 못해
갈래 갈래
외로운 비명은 지선(地線)으로 박히고
희미한 불빛 속, 또 생명씨 하나 채취해
남몰래 호주머니에 넣고
부시시 일어서다

빼앗기고, 찢기고, 억눌리고
헤아릴 수 없이 파괴되어 온 슬픔을 아는가
땅은 분양 받지 못했어도
흙은 모두가 내 것이며
새벽 지하 계단을 오르면
저 넓은 하늘도
모두가 내 것이다.

(2002)

매[鷹]

철탑 위 꼭대기
조선조 관헌의 제복을 입은 놈,
그놈이 앉아 있다
뛰는 심장 죽여,
저놈을 향해 침을 뱉아 본다
퇴, 퇴, 퇴
침은 다시 나한테 떨어지고
나는 다시 얼굴을 움켜쥐고 나뒹군다

저놈은 나보다
아주 높은 곳에 있다
쪼아 먹힌 가슴팍들 산비탈에 나뒹굴고 있는데
저놈은, 교묘한 몸놀림과 입부림으로
또다시 시커먼 둥지를 틀고 있다
쏘아보는 두려운 눈매,
낙설(落泄)의 지독한 독기,
온몸에 꽂히는 따가운 서슬,
저놈이 원무할 때
땅엔 카오스의 반죽이 시작되고
난 미궁 속으로 빨려 들어가 어지럽다

무서운 적막,

기어 오르던 내 절규는 꼬깃꼬깃 구겨져
철탑 허리에 처참히 걸려 있다

난 멀리 보되,
위를 보지 않으리
세월을 자르던 차가운 달빛이
저주의 칼을 드리워
철탑을 찍고 있다.

(2005)

지하철 역에서

잿빛 지하 갱도
지상에서 흘러내린 축축한 번뇌가
금간 벽에 스며 있다

시공이 엇갈리는 희미한 불빛 아래
꿈틀대는 고독이 여기 저기,
뿌우연 먼지를 뒤집어 쓴 고달픈 군상들이
꾸역꾸역 모여든다
축 쳐진 어깨 위로, 날카롭게 교차되는 무서운 눈초리들
시커먼 흙먼지는 누구의 발끝에도 묻어 있다

적색 경보-
깔려 있는 초조 두루 말며
자욱히 쌓인 시간을 뚫고 돌진해 오는, 육중한 기곗덩어리
두 눈 부릅뜨고 공간을 끼고 와
혼돈을 한 입에 잘라 삼키고 떠나버린다

천국으로 통하는 터널은 꿈 속에 하얀데
사바로 향하는 꼬리는 검은 점, 점, 점
시간 속에 적체된 상념들은, 가속도로 끌려가다
벽에 부딪쳐 산산히 흩어진다.

(2002)

겨울 여자

두 손 모아 호호호
얇은 사 하이얀 실선 감기듯
휘감기는 고운 미소,
나풀거리는 머풀러는
그린 님 당기는 화안한 봄꽃 바람

가슴엔 어느새
물빛 고운 꿈 보듬고
차가운 눈바람 삼키는 따스한 숨결,
가벼운 발걸음엔
뽀드득 뽀드득 고이는 복점 총총히 박히니
붉은 입술엔, 촉촉한 감미로움 허공에 묻어나
긴 세월 간직해 온 설움,
겨울 꽃씨로 터지다.

(2004)

바닷가에서 만난 아이

바다는 아이였습니다
아이도 바다였습니다
나는 그 아이와 손잡고 해변을 걸었습니다
그리곤 하이얀 조약돌을 줍고, 새끼 게를 잡고,
참으로 아름다운 꿈이었습니다
바다가 흰 이를 드러내고 웃으면,
우리는 함께 손을 흔들어 보였습니다

정이 깊어지면 슬픔이 온다고
정든 것들은 버리고 떠나기로 했습니다
이름을 물어 왔지만 그냥 '파도'라고 했습니다
그리곤 흰 파도에게 그랬듯이,
정을 흔들고 고개를 돌렸습니다
그러나 그 아이는,
지금껏 가슴 속에 묻어 두고 있습니다
바다를 닮은 그 아이가 내 가슴 속에 있는 한,
나는 언제나 바다입니다.

(1998)

해돋이를 위하여

은은하기도 하여라
가슴 속에서 밀려 멀리로
종소리는 여전히 울리고
주고 받는 미소는 꽃내로 가득하구나

알알이 여문 꿈들이, 은행로의 저녁을 잇는다
사임당 곁엔, 관순도 퀴리도 나이팅게일도
함께 걷는다

거친 꿈길로 예 와서, 시간의 끝줄을 붙잡고
줄다리기 하듯 팽팽히 세월을 당겨보는
젊음의 힘찬 패기
덕은 이 진리의 샘터에서 흘러 넘쳐
내밀한 소리로 강을 이룬다

축복의 교문을 나서며
반짝반짝 빛나는 고운 눈빛들
오늘 배우고 보고 들은 것 모두
어둠 밝히는 촛불이어라
노을녘, 긴 기지개를 켜면서
해돋이를 위하여
성덕(成德)은 또다시 푸른 꿈을 꾼다.

(2002. 성덕여중고 은행로에서)

소라 껍질 속에

소라 껍질 속엔 아직도
고향이 살아 있었다

쏴아-쏴, 쏴아-쏴
나선(螺旋) 끝으로부터 돌아돌아
돌아나오는 고향 소리
신열을 앓던 바다가 숨 쉬며
아직도 피부에 묻어나는 갯비린내
어둠 밀어내고 돌아돌아
갯벌은 아직도 살아 있었다

뜸 들이듯 보글보글
봄맛살 쏟아지는 개펄 위엔 여기저기
구멍 줄기 따라 끓어 내미는 뽀얀 숨결
속살 드러낸 바지락이 맛깔스러
두 눈 곧추 세운 무당게가 파수를 보니
입을 오물오물하며 꺼먹거리는 망둥이
힐끔힐끔 눈돌리며 시샘을 한다

쏴아-쏴, 쏴아-쏴
돌아돌아 갯바람

소리만 들어도 흠뻑 묻어나는 고향 소리에
짭조름한 행자나물이 입에 그리워
모처럼 서울의 밤은 갯골에 젖어 있었다.

(1998)

오디를 따 먹으며

왕촌뜨기는 어쩔 수 없지
참새가 방앗간 옆을 그냥 지나칠 수 있나
오톨도톨 새콤달콤 씹으면 죽여주는 새콤 맛
초여름 그늘이라도 후끈후끈 달구어진 과년한 바람에
떠다밀며 알콩달콩 눈 감고 몸대주는 가시네도 없는데
몸은 자꾸자꾸 근질거려 뽕밭으로 끌려가네

맨살 풋풋이 꾸역꾸역 드러나는 푸르름에
가지에 매달려 다닥다닥 달라붙은 새코미
간간이 살짝 볶아 데친 듯 차츰차츰 붉어진 것들은
요리 살짝 저리 살짝 닿을 듯 말 듯
휘청휘청 애간장을 녹이는데
나뭇가지에 매달린 작태, 미친 년 속옷 흘러내리듯
바지끈 헐렁헐렁 배꼽부리 드러나고
검붉은 입술은 현기증 나도록 촉촉이 짓물러도
촌 칠 범벅에 생물 오르고 오물오물 따먹기에 정신없네

아무려나
표독스런 시어매 화독 피해
쫓겨나온 요염한 화냥녀 도피처였는데,
풋정도 무르익어 터질 듯 멍들어버린 왕촌뜨기 순정을,
숫보기 통정하듯 입가 온통 바알갛게 대신 묻치다가

검붉은 성숙으로 통통 영근 시심까지 연방 똑똑 따 먹으니,
열불 나 냉가슴 앓던 지난 속내도 자근자근 입맛 씹히며
어질어질 흔들흔들한 세상 번뇌까지 검붉게 녹여 주었네.

(2002)

버리고 떠나기

인심을 접고
천심을 따라
무채색 투명한 가슴으로
인연의 끈 풀어
여백에 흐르고 싶어라
산 숨소리 듣고
세상 소리 거르면서
산 채로 흘러가는
시냇물이고 싶어라

내는 내길
너는 네길
샘물 흐르듯 청량한 눈빛에
산굽이 갈림길 사이로 돌아서는
아쉬운 손짓,
구도자의 목소리 위에
여울진 산울림이 있다.

(2008)

전멸(全滅)

세 사람이 금덩어리를 발견하였다
남몰래 사이좋게 나누어 갖자고 했다
그러자고 했다
그러자 그 중 한 사람이, 기분 좋으니 술파티를 하자고 했다
그 사람이 술을 사러 갔다
그 사이 남은 두 사람은
술 사러 간 자가 돌아오면 없애버리고
몫을 둘이 나누어 갖자고 모의하였다
술을 사오자, 쥐도 새도 모르게 둘은 그 사람을 죽여버렸다
둘이는 금덩이를 나누어 갖고 기분 좋아 술을 실컷 마셨다
그러나,
1시간 뒤에 두 명도 모두 죽었다
술 사러간 사람의 욕심이,
술병 속에 몰래 독약을 넣어 두었던 것이다.

(2002, 말씀 야고보서 1 : 15)

바람 Ⅳ
−'98교실 풍경

치맛바람 거세더니
치마폭에 감싸여온 아이들
그림자를 밟고 스승 위에 올라타서
112에 신고를 하고
잘난 척 있는 척, 예쁜 척 하는
삼척 공주와 삼척 공자를 배척한다며
무서운 바람을 일으키고 있다
교실에서 부는 싸늘한 바람,
스승의 열정을 교단에서 끌어내리고
재미로 밀어붙이는 집단 따돌림은
불쌍한 '왕따' 하나를 쉽게 죽인다

그들은 바람 맞은 아이들이었다
나는 네가 될 수 없지만,
너는 내가 되어야 한단다
언제부터 일었는가, 교실에서 부는
참으로 무서운 바람,
사랑과 섬김의 깃발은 꺾여지고
이 시대의 교단은 황폐해 간다

눈이 높으면 찬 바람을 맞는다
고개를 숙이자, 고개를 숙이자.

(1998)

낙엽끼리 모여 산다

삶의 애환이 한데 어울려
따개비처럼 다닥다닥 붙어사는 달동네
시멘트 벽돌 사이로
빼꼼히 내다보는 아이들의 눈망울이 평화롭다
골목길을 내려오면 조막만한 비닐 마차
거품 빼내듯 얇게 짓눌러 말아내는
아낙의 오징어 냄새가 고소하고
초겨울 포장마차의 따끈한 정이
소맷자락을 당긴다

하루살이처럼 살아왔지만,
삶의 질이 항상 공평하지만은 않다는 현실을
숙명처럼 받아들이며, 올망졸망 그렇게,
하얗게 살아온 사람들
된서리에 이울고 발길에 채인
상처가 가끔 서럽다
그러나, 햇볕은 누구에게나 고르다는 진실과,
소망의 그릇은 작을수록
더 달콤하다는 그 믿음 때문에
오늘 하루도 옹기종기
낙엽끼리 모여 산다.

(1995)

실로암 샘물가에서

죽음 쪽에서 보면, 산다는 건
죽어오고 있는 것
삶과 죽음을 넘나드는 초인을 그려보지만
귓전 스치며 지나가는 사소한 말 한 마디
가랑잎 구르는 소리 하나에도 흔들리는
연약한 내 심사가 밉기만 하였다

나는 항상 아름다운 시작을 꿈꾸지만,
거울을 보면 늘 추한 모습
오늘 산빛에 끌려 묏골에 드니
바위 틈새를 비집고 나오는 수정 같은 샘물이
줄기찬 생명의 노래로 쉬임 없이
거대한 바다를 꿈꾸며, 죽은 역사를 돌리고 있었다

수면 위에 흔들리는 흉상을 깨면서
죽어가는 삶의 껍데기들을 부숴
내 영육의 부활을 물줄기에 걸었다
나뭇잎 풋풋한 향기를 풀어 눈 비벼 세수하며
하늘 우러러 기도하듯
두 손 모아 샘물을 떠 마셔 본다
그래, 여긴
종점이 아니고 시점이로구나.

(2005)

장안 풍경

쇳덩어리로 덮어놓은
도로 공사판엔,
터질 것 같은 지하 혈관의 무거운 침묵
한밤내 가스관 새는 소리와
어쩌면 어제의 피가 낭자히 흐르는 철판 위로
겁 없는 차들의 바퀴 소리가 팽팽하다

맨홀 뚜껑을 열면,
갇혔던 시간 빠져나오는 소리
썩은 물에 아귀 빠져나오는 소리가
퀴퀴한 도시의 방귀 냄새에 섞여
탈진한 플라타나스를 구역질 나게 한다

길 건너편엔 기우뚱 하는 빌딩,
파헤쳐진 보도블럭 사이
대형 유리문으로 들락거리는 배부른 자들의
배 튕기는 소리가 요란하다

터질 것만 같다
그러나 배부른 자들은 말한다
"먹어야 기름이 되지"
"썩어야 거름이 되지."

(2007)

잡초 Ⅱ

무대 밖은 너무나 추웠다
짓밟히고 뭉개지고
쓰라린 상처 받고 내쫓긴
뒤틀린 세월
그래 너희들끼리 놀아라
끈질긴 생명으로 실낱같이 버텨온
야속한 땅 위에 침 뱉으며
틈새로 또 빼꼼히 하늘을 쳐다보지만
하늘 무게가,
너무 무겁다
그래 나는 잡초다.

(2016)

제3부
진달래꽃을 그리며

진달래꽃을 그리며

뚝방길,
코끝을 간질이는 풋풋한 흙내음에
다시 돌아온 춘심이 터질 듯하다
달래를 캔다
캐다 보니 뿌리가 깊어
끊어져 버리고 마는 달래, 달래
어찌 이리 아프냐고 주저앉아 울고 마는데
갖고 싶지만,
달래도 다 안 주고
밤새 고인 새벽이슬만 빨아 먹고
끝내 눈시울을 붉히며 청산만 가리키는 너,
그래,
네가 바로 '진(眞) 달래'였어.

(2012)

위험한 촛불

내가 그리워했던 촛불은
야누스의 얼굴은 아니었는데
요즘 들어 허공에
마군(魔軍)의 낙서가 심하더니
길거리엔 카오스의 불빛으로 어지럽다

밤하늘에 별빛도 다 죽어버리고
드디어 오늘은
타버린 달빛마저 땅에 떨어져
이제 하늘엔
타다 남은 검은 재와 끄으름 밖엔
아무것도 없으니,
아, 언제나
정든 얼굴 비추어 보던 은혜로운 그 촛불
이 땅에 다시 뜨려나.

(2017)

쌍십자가의 군기를 높이 들고

눈물 젖은 빵이,
그것이 은총이었음을 깨닫게 하시고
쓰러질 땐 구원의 지팡이로 일으켜 주셨으며
꺼져가는 영혼을 음부에서 건져주신 주님,
주께서 베푸신 은총으로
40년 전부터 울려퍼진 새벽 종소리는
지금도 밝은 소리로 온누리를 깨우고
소망의 빛으로 어둠을 밝히고 있나이다

내니 두려워 말라
새벽마다 성령의 검을 허리에 차고
기도로 무장된 전신갑주를 새로이 두르며
구원의 방주에 올라타고
지극히 높으신 보좌 앞에 엎드리니
오늘 이 자리,
승리의 깃발이 펄펄 나부끼며
축복의 강물이 흘러 넘치나이다

여기는,
땅이 흔들리고 바다가 흉용하여도
견고하여 흔들리지 아니하는 성채
이제 새벽 종소리는 더욱 커져,

하늘 빗장을 열고 여호와 닛시를 합창하니
거룩한 이 성에서
쌍십자가의 군기는 더욱 높이 들리고
감사와 찬양과 영광이 온 땅에 가득하나이다.
(2020)

* 새벽 종소리 : 명성교회 새벽기도

에티오피아 아이들

아름다움은
빛과 어둠의 문지방을 수시로 넘나든다
사람의 얼굴도 마음먹기에 따라
천사가 되기도 하고 마귀가 되기도 하니,
그대가 나를 보고 미소를 짓는 것은
나의 마음밭에 피어 있는 꽃을 보았을 때이다

누구든지 수박을 좋아하는 것은
수박의 속이 빨갛다는 것을 알기 때문이다
눈이 땡그란 에티오피아 아이들
새까만 얼굴에서 새하얀 동심이 피어오르니
똘망똘망한 그 눈동자가 아름다워
시커먼 먹구름을 녹인다.

숯은 까만 것일수록 더 아름다운 불꽃을 낸다
흑인이라고 피도 뼈도 어찌 다 검을손가

때묻지 않는 흑인의 피는, 백인의 피보다 더 맑으며,
때묻지 않은 흑인의 뼈는, 백인의 뼈보다 더 하얗다.

(2012)

맷돌질

혼자서 지구를 돌리며
짊어진 업을 들어 붓는다
미운 정 고운 정 톡톡 털어
섭리의 소용돌이 분화구 속에 비벼 넣는다
암놈 수놈 궁뎅이 합환으로
궁창과 땅이 합하여 뒹굴뒹굴 하나가 된다

너와 나는 하나다
혼돈의 음과 양이 밀착하여 빙글빙글
눈물 땀물 범벅, 양수 범벅에
서러움까지 갈갈이 찢겨
흘러내리는 가룻물이 되니
부글부글 용암 끓어내리듯
우와, 새 천지가 도래한다.

(2009)

개망초

죄목이 무엇이기에
일개 초동의 낫에 무참히 참수되고 꺾이고
이토록 이름 없이 스러지는
가여운 나의 운명인가
분장술 서툴지만,
살랑살랑 흔들어 넘치는 끈끈한 내 삶의 춤사위
희끗희끗 소금을 뿌려놓은 듯 지경을 넓히며
후미진 뚝방길, 묵정밭,
개망나니 휘젓고 다니는
흙먼지 자욱한 마찻길도 다 나의 잠자리다
가끔씩 쓸쓸한 외로움이 다녀가지만,
그러나, 진정 그 어떤 바람에도 흔들거릴 뿐
죽어도 내 뿌리는 뽑히지 않으니
내 하얀 얼굴엔
어둠 밝히는 노오란 미소가 박혀
벌꿀 나비들,
매일 매일 공짜 세 들어 산다.

(2003)

고슴도치의 딜레마

어둠은 밀어내기로 했다
애모의 가슴깃을 조용히 열어
그대에게 다가서지만,
끌어안을수록 따가운 비명
가시의 아픔을 참을 수 없음에
간격을 두고
평행선 위에서 그리움을 접는다

세월의 나이테 속에
켜켜이 박혀 있는 밀어들
쪼개 보니 모두가 다 상처뿐
그래, 고독이야말로 진정한 자유라 했지
빈 주먹 펴고 흔드는 손
오늘 밤
무거운 침묵을 타서
또 외로움 한 잔 들이킨다.

(2004)

연기설(緣起說)

어떤 이름 모를 꽃잎이
수첩에 끼어 있는 것은
그 꽃과 특별한 인연이 있어서다

나뭇잎이 흔들리는 것은
심술궂은 바람의 장난이 아니라
그들끼리의 애무요 만남이다

바쁜 걸음으로 스치다가
문득 뒤돌아보게 되는 사람,
언젠가 만나본 것 같은 낯익은 얼굴이
다시 더듬어 찰나의 스크린에 비춰 보이는 것은
그이와 특별한 연분이 있어서다

세상에 경계선이 다 있지만
당신과 나,
손잡아 없어진 경계선
당신이 늘 그림자로 포개지는 것은
우리의 예정된 만남 때문이다.

(2000)

화투(花鬪)

녹슬어 죽기보다는 차라리
깨어져 죽자
썩은 현실 하늘에 흩뿌려
두꺼운 수심 벗고 잡힐 듯 진한 야심
욕심 따라 유혹의 손톱 피해
운명과 투쟁하는 외로운 손놀림
꽃들의 전쟁은 오늘도 적의 피를
허무의 공수로 무참히 수혈해 가며
피바다를 이룬다
한숨의 골짜기에 숨어 있던 기회의 손들이
타오르는 공산의 성벽을 거꾸로 올라
금빛의 깃발을 꼽는다
엉겅퀴 싸리밭의 방어선을 뚫고
죽기살기로 서로가 서로를 물고 물리는
꽃들의 화려한 전쟁
그들의 독화살을 피해 다니는
꽃밭의 일벌들이 불쌍하다.

(1998)

코 드

전선 코드가 말썽이다
T.V,
컴퓨터,
면도기,
드라이기,
어떤 놈은 꽂으면 불이 켜지고
어떤 놈은 꽂으면 불이 꺼진다

그대와 나,
둘이 손을 맞잡으면
내 가슴 속
불이 켜진다.

(2004)

여자가 오래 사는 이유

한쪽 날개가 꺾이고
절망의 늪속에 빠졌어도
여자는 눈물로 상처를 싸매며
어머니가 그렇듯이,
억새풀처럼 흔들리지만,
숙이며 버티며 산다

여자의 눈물은 무섭고 강하다
아, 원대한 연민의 강물이여
거친 주먹도 엄포도, 눈물에 빠지면 죽는다

눈물의 강은 세차고 줄기차다
여자의 눈물은 갈대밭을 지나
고뇌의 늪을 넘고
남자의 바다를 넘는다

여자가 오래 사는 이유는
남자보다 더 눈물이 많기 때문이다.

(2004)

님은 아시나요

님은 아시나요
왜 침묵은 산에서 더 깊어지는지.
이승에 떠다니는 붉은 그리움
뚝뚝 떨어져 산비탈에 펼쳐놓은
진달래꽃의 꽃불 잔치,
코끝을 스치는 꽃향기 실선처럼 몸에 감기는데
하늘 닿은 숨소리 오히려 가슴 아파
미풍에도 헐떡거리는 내 침묵의 소리

님은 아시나요
성숙한 그리움은 왜 산에 묻어야 하는지
바람은 산을 넘지 못하고
부끄러움은 산을 숨길 수 없네
하늘에 써놓은 기러기 백년가약 바라보며
애모의 둥지로 들어가는 까치 부부가 부러워
버짐꽃 뜯어 입에 물고 흐느끼면서
어머니의 산 치맛자락에 묻어 보는
붉은 내 그리움.

(2002)

연리지의 몸짓

노을이 익어 숲에 잠기면
세상 뒤켠 조용한 숲속엔
추악한 겸손이 물러간 또 다른 세계
녹수에 마음 주는, 바보 같은 순수가 고와라

어둑어둑한 숲 사이
잔잔한 바람 서걱이는 나뭇잎에 놀라
세상 비열함이, 거친 숨 몰아쉬며 산 아래로 빠져나가면
하늘 향해 물오른 나무들의 숨소리는 커지고
사랑은 고요 속에 새로이 둥지를 트는데
서러운 인연의 껍질을 벗고
들꽃 같은 연정 함께 기대 서 있으면
나무를 타고 올라가는 사랑의 기쁨,

아, 여기 우리들의 집이 있었네
이렇게 무대 뒤에도, 장막 뒤에도
흐느끼는 환희가, 눈물겨운 생명이,

연리지의 몸짓 같은,
여린 두 가슴엔
봄밤 꽃물 고이는 소리 고와라.

(1975)

망각(忘却)의 축복

서러움은 잊어야 산다
괴로움도 잊어야 산다
살아있음에,
살점 파고드는 분(憤)과 원(怨)의 파편들
애틋한 사랑과 인연의 멍에까지도
내가 너일 수 없음에 종국에는 잊어야 산다
지우개 없는 인생
하지만, 상한 갈대를 세워주는
망각의 손길은 위대하노니
천심(天心)은 그 침묵 위에 서서
자유의 깃발을 휘날리도다
뒷짐 지고 엿보는 야누스의 추한 광기(狂氣)여,
어둠을 걷어가는 아주아주 바보스런 천기(天氣)는
매일매일 망각의 구덩이를 파며
두렵고 미친 세상, 질곡(桎梏)의 유해들을 묻는구나
망각이 없으면 너도 나도 죽는다
망각이란,
아름다운 시작을 위하여 예비해 둔
하늘의 커다란 은총이다.

(2007)

바람이 그러하듯이

매미소리는 울음일까, 노래일까
어쩌다 신기루처럼 나타나는 바람의 미소 때문에
내 영혼의 북소리는 오늘도 꺼지지 않는데
모진 세월의 저편, 가시울타리 넘어
나의 집은 어딘가

물도 바람을 만나면 춤을 추는구나
향나무는 도끼에 찍혀야 향기가 진하다지
동전을 위로 던졌다 떨어뜨렸을 때
원하지 않는 쪽이 나왔다고 슬퍼하지 말아야지
가방 속에, 책을 넣으면 책가방, 똥을 넣으면 똥가방,
돈을 넣으면 돈가방이 아닌가

삶의 나뭇가지에 걸어 둔
계산된 삶의 각본이 찢기더라도
슬퍼하지 말아야지
욕망의 창고를 짓지 않는
바람이 그러하듯이.

(2006)

달맞이꽃의 고백

아직도 가슴에
가슴에 나는 당심을 숨기고 있습니다
늘상 진실을 사랑하는 척 하며
스스로를 속이고 있는 얼굴이 싫어집니다
사랑은 입으로 아닌 눈으로
가슴으로 한다는 말도 알고 있습니다
당신을 생각하면 울렁거리는 가슴
흘러가는 강물에 띄워진 넘실거리는 그리움에
차라리 얼굴을 돌리다가
당신의 미소를 떠올리면
한없이 한없이 작아지는 내 모습에
한발짝 뒤로 서서 물러서는
초라한 내 자신이 미워집니다
물러섰다간 다가서고 다가섰다간 물러서고
웃자란 그리움의 싹들을 모질게 잘라내 보지만
하나도 버리지 못한 채
그냥 이렇게 쌓아두고 있습니다

사랑은, 정말 진실한 사랑은
다가서기보다는 물러서면서
남몰래 되돌아보는 순수입니다

가면으로 위장한 현실의 타협을 저주하면서
내 거부할 수 없는 생명의 끈으로
사랑의 실체를 인정합니다
오늘도 숨을 수밖에 없는 나는
당신의 여백 속에 혼자 들어가
부끄러운 나신으로 당신을 훔쳐보면서
외발로 서서 더욱 슬퍼합니다.

(1975)

눈물은 강한 자를 만든다
―상처받은 제자에게

뭐든지 혼자서, 혼자서 해야 하는 너
눈물은 강한 자를 만든다
겨웁도록 서럽고 슬픈 사연
아픈 가슴 달랠 수만 있다면
실컷 울어나 보렴

보라, 저 높은 하늘
가을 이후 떠도는 구름 기둥
한여름 시원한 빗줄기를 그리며
하늘 빈 자리 맴돈다

귀 기울이면,
태양은 지구를 돌리고
하늘은 나를 돌리는 소리
눈물 섞어,
땅밑에선 물 흐르는 소리

눈물 젖은 빵을 먹어본 자는
메마르지 않는다.
보라, 이전 것은 지나갔으니
물빛 고운 꿈 보듬고, 주먹 쥐며

혼자서 실컷 울어나 보렴

돌고 있는 물레방아는
얼음이 얼지 않는다.

(1994)

오후의 교실

여기는 내 농토,
꿈을 잉태한 땅껍질엔 낙조가 깃들고
이십평 텃밭엔 함성이 머물다

또 하루가 흘러간 자리,
사랑은 진실을 토해내 벽을 허물고
이 작은 공간을 광야로 일구었다
때로는 감미로운 선율이, 때로는 폭풍 노도가 스쳐간 자리,
아이들의 지껄임은 아직도 지표에 묻어 있다.

산다는 건, 부족하지만
스스로의 모습을 됫박으로 재어보는 기쁨
내가 넘칠 수는 없으나, 나는 남의 공간을 채워
생명을 쏟아 생명으로 자라게 하는 열정으로
나를 쪼개어 또 다른 나를 조각한다

여기는
나의 농토, 나의 자리
오늘 또 하루
황금빛 축복을 받으며
멍석 깔고, 들판에 섰다.

(1980)

질경이

질기다
누구도 너를 죽일 수 없다
밟히면 더욱 강하다
낮엔 따가운 햇살로, 밤엔 달빛 별빛 받아
천심이 내려앉아 짜고 엮은 질긴 심지
밤새 땅의 기를 흡입했다가, 농축된 이슬 먹고
소복이 푸른 입김을 펼치고 있다

허울 좋은 꽃잎을 떠나
모진 인과의 굴레 쓰고도
낮은 곳에 임해 더욱 눈빛이 파룻해
명줄기 더욱 질기다
발길이 채이는 곳이면, 어느 곳이든 좋다
이른 아침
지표로 방황하는 슬픈 영혼들이
너에게 와 또 고향을 짓기 시작하는구나

종말이 와도 넌 죽지 않으리
거듭나 지독히 버티는 길섶에
세월이 백기를 들고 섰다.

(1986)

풀꽃 연정

너무 깊어지면
사랑은 녹아버리기에
그냥 이대로,
이대로가 좋습니다

눈물 겨워
버리지 못하는 순간들
미련은 밤마다
나의 발목을 죄어오지만
다시 손잡는 환희를 위해
때로는 눈물로,
눈물로 당신을 버려야 합니다

아름다운 것은 이슬처럼
슬퍼야 한답니다
사랑하는 당신과의 만남도
슬픈 축복이기에
그냥 이대로,
차가운 침묵에 입맞추는
여린 가슴이 좋습니다.

(1974)

제4부
하늘로 띄우는 편지

아버님 사진 놓고

아버님 사진 놓고
눈물이 가슴을 맴돌아
저미는 슬픔 겨워, 차라리 고개를 돌리고 맙니다.

하늘이 무너지던 날
흑암은 온 천지에 내리 깔리고
슬픔도 허무도 모르는, 전선의 외로운 아들은
귀먹고 눈멀어 차디찬 무쇠가슴만 두드렸나이다.

한세월이 흐른 지금
내가 아비지 되어
이제야 큰 하늘이 무너진 줄
이제야 온누리에 어둠이 깔린 줄
끝없이 저미는 슬픔과, 가슴을 뚫어내리는 통곡으로 알았나이다
나는 울고 싶어도
울고 싶어도 우는 멋쩍음으로 인한 바보라
눈물은 뼛속으로 스며들었고
지금은, 눈물도 메말라 눈물도 안 나오고
가슴만 아파서 마음만 상처집니다.

당신 몫을 내 몫의 행복으로 두고 가신 아버님

당신의 이야기는 신비로운 전설입니다.
산굽이 돌고 돌아 가오산에 이르면
새벽길 삽질로, 인생을 다듬으신 논둑이 나오고
산뒤 마을 시오리길 동녘에 이르면
갖다드린 도시락밥 되먹여 주신 염전이 나옵니다
어린 손목 잡고
큰 사랑 내리시던 석바위골 영마루엔
끈끈한 혈흔이 풀섶 따라 묻어 있고
출정하는 아들 따라
인파 속 발돋움 손 흔드신 수원역 광장에는
흩날린 사랑이 그어진 선 따라 선명히 나부낍니다

당신 없이 자라온 빛바랜 세월
길은 너무나 어두웠고 외로웠습니다
이제 내가 아버지 되니
못다 한 아들 노릇 함께 서러워
아버님 사진 놓고,
떨리며 터질 것 같은 뜨거운 슬픔 삼켜
사무친 그리움이사, 세월 속에 묻어보려고
남모르는 날갯짓 허공에 감추입니다.

(2002)

당신은 나의 생명입니다

얼굴도 입김도 모르는 당신은,
당신은 누구이십니까

이 세상 어딘가에서
애타게 나를 찾을 것 같은 당신
단 한 번의 품이 그리워,
단 한 번의 미소가 그리워
타는 가슴으로 불러보는 당신,
당신의 얼굴은 무엇입니까
당신의 기도는 무엇입니까

지난 날이 서러워 차라리,
차라리 바람결에 날려보는 슬픈 이야기
모두가 운명이라고
운명이라고 돌아서면
골골이 산과 들 나의 발자국 따라
애절하게 나를 찾는 당신 목소리
산비둘기 슬피 울어 또 가슴을 칩니다
살 찢어 내게 주신 핏빛 사랑이
나이 든 그리움으로 이젠
지병이 되었습니다

지금도 이 세상 어딘가에서,
애타게 나를 찾을 것 같은 보고픈 당신
당신은 나의 생명입니다
그림자로 있어도 당신은 살아
언제나 이몸 곁에 계시옵니다.

(1996)

슬픈 하늘

티없는 하늘이 너무 맑아,
너무 높아
오히려 슬픈 하루
터질 것 같은 내 그리움
하늘 잡을 데 없구나
완벽으로
한 가닥 생명마저 앗아간 비정
허우적거리다 무너지는 소리
지난 밤 신음마저,
산산히 부서져 흔적도 없구나

넘쳐서 삭힐 수 없는
슬픈 사랑, 갈빛 사랑
그리움을 붙이기에는
하늘과 땅 사이는 너무나 넓어
차라리 강물이고 싶다
바람이고 싶다

허공 사이로
가뭇없이 사라지는 그대 그리워
오늘은 눈물 적셔
하늘 흔들어 본다.

(1974)

당신은 누구신가요
―어머니를 그리며

당신은 누구신가요.
어디서 오셨다가 어디로 가셨는가요
햇살 흔들리는 나뭇잎 사이로
언뜻언뜻 비쳐오는 알 수 없는 당신의 얼굴,
미풍에 떨려오는
나의 몸과 나의 영역에 스며들어
영혼의 바람을 쏘이며
신비스런 사랑의 입김으로 다가오는 당신은,
당신은 과연 누구신가요.

탯줄의 사랑 손길로 어루만지며
버선발로 뛰어나와 두 손 벌리는 당신,
나는 잠결에도 당신의 숨결에 놀라곤 합니다
꿈결에도 같이 계시며
피가 마르고 뼈가 녹아내리는 어둠 속에서도
이승의 경계를 넘어 피안의 언덕까지
언제 어디서나,
내 옆에 계신 당신,
당신은 정녕 누구신가요?

(1998)

아버지의 눈물

아버지는 좀처럼
나에게 눈물을 보이지 않으셨다
딱 한 번
어디서 드셨는지 못하시는 약주 한 잔 드시고
벌겋게 상기된 얼굴로 툇마루에서
나를 부둥켜 안고 한없이 한없이 우셨다
짝 잃은 외로움에 복받쳐서인지
에미 없이 자라는 내가 불쌍해서인지
그날은 한꺼번에
꺼이꺼이 우셨다

서른 갓 넘어 조강지처를 잃으신 후
속가슴 숨기며 담배 연기로
모진 시름 하염없이 날려보내시다가
짧은 인생 연기 속에 마감하신 아버지
아버지는 늘 무대 뒤의 쓸쓸한 남자였다
좋은 세상 눈앞에 두고
아픈 상처 매만지며 장막 뒤에서
흐느끼며 뒤척이며 사셨다

땀방울로 한 쏟은 무거운 목도질
널 두고 어찌 가리 겨운 생명 부추기며

야속한 삶을 연기 속에 감추시던 아버지,

풍수지탄은 불효자의 핑계였다
꿈결 같은 그날,
아버지의 눈물은
너무나 뜨거웠었다.

(2001)

파혼(破魂)의 노래

나는 아직도
당신의 향기, 떨쳐내지 못하고 있네

눈을 감고, 손 휘저으면
잡힐 듯도 하지만
한 생애, 서툰 슬픔 동여맨 그리움
꿈은 외롭고,
사랑은 서러웠네

유정으로 아픈 가슴
무정으로 지워 보나
더욱 다가서는 그리움

세월의 주름살 뒤에 숨어
오늘도 몰래, 그 이름 불러 보나
그러나
잡히는 건 허공 뿐,
<u>스스로 부서지는</u>
내 모양뿐일세.

(2003)

부대 앞을 지나며

부대 앞을 지나면
발걸음을 멈추게 하는 인력(引力)
두리번 두리번,
보초병의 무거운 총대 사이로 들이미는 마음
병영 시절의 향수와
모두가 아들 같은 살가움에
영내를 기웃거리게 한다

아들, 땀냄새, 서러움
머언 먼 향리에서 보듬고 온
뜨거운 보따리는 위병소가 낯설지 않고
적셔온 고향 눈물은 철조망을 녹인다

그러나, 부심(父心)은
담 넘어 들려오는 기합 소리에
가슴 저며오는 뭉클함 차마 내밀지 못해
남몰래 눈시울을 감추며
차라리 발길을 돌리고 만다.

(1998)

이모님 성묘기

'사랑하는 아들딸, 조카야,
바람이 지나가면 흔적도 없듯이
너희들에게 내 지나간 자리 덧없으니
내 죽어서
너희들 힘겨운 삶의 무게를 덜어
버리고 싶은 슬픔이나 갖고 가려마.'

'해마다 만날 줄 알았던 착각,
살아서 눈물 많이 배웠으니
우리 돌아서는 발길 가벼웁게
이제는 바람 휘몰아쳐도
들판의 휘날리는 억새꽃 마냥
뿌리 깊게 환한 햇살만 바라보자꾸나.'

서둘러 가심은,
먼저 가신 언니와 지아비 때문이었을까
엄니 대신,
듬뿍 듬뿍 퍼주시던 사리울 모정이 그리워
가신 날 맞이하여
하늘 가까이 내려앉은 봉분에
아들딸 조카 사위 모두 모여 엎드리니
구우-구, 구우-구,

때마침 찾아든 도래솔의 산비둘기 자매
일어서 하늘 보라 나를 보라 구슬피 우는데
이승과 저승이 하나될 수 없음에 허공은 슬프고
산 숨소리는 거친 가슴에 파고 들었다

최씨 문중 돌비석 망자들의 침묵 사이로
이모님 닮은 햇살의 살가운 웃음 가득한데
떨어지지 않는 발길,
비탈길 미끄러져 내려올 때까지
이모님은 시야에서 멀어지도록
봉분 위에 서서
'에미 없이 자란 사랑하는 조카야,
내려가 넘어지지 말라, 넘어지지 말라.'
눈물 뿌리며 손 흔들고 계셨다.

(2004)

도리깨질

불가마 속에 콩 볶아내듯
파삭파삭 타들어가는 농심,
열기 범벅에 둥글둥글 휘어돌려
힘의 정점 모질게 끌어모아
허공 가르며 내리찍듯 패댄다

덕지덕지 달라붙던 서러움도
갈기갈기 찢겨 허공 속에 흩어지고
알곡은 알곡대로
껍질은 껍질대로

암 그렇지
검불 속 진땀 범벅 타령에
이리저리 돌려치며 내리치는 탄력은
가마솥 더위에
묵은 쓴맛 날려버리는 한풀이

보릿고개 마루턱에
소멸의 눈물씨를 뿌려
알콩달콩 알을 까는 회심의 원무였다.

(2004)

아들의 뒷모습

아파트 난간에 서서
걸어 나가는 아들의 뒷모습을 본다
아직까지 날개를 내 주지 못한 안타까움,
두려워 말라 일렀거늘
진정, 홀로서기는 버거운 듯
둘러멘 삶의 무게가, 늘 애처롭고 무거워만 보인다

힘겨운 아비의 삶의 질고 때문에
남들처럼 나누지 못한 안쓰러움
그러나 아들의 굵은 팔뚝에
팔씨름이 밀리면서, 부심은 때때로 아들의 아들이 되어갔다

가시와 엉겅퀴와 독뱀이 우글거리는 세상
날기 연습하는, 외딴 섬의 독수리처럼
하루 하루 날갯짓하는 아들이 대견스럽다

오늘도 가방 메고 총총 걸음으로
모퉁이를 돌아서는 아들의 뒷모습,
시야에 벗어나 도로에 들어서도
눈시울 적신
아버지의 그림자는 그 뒤를 따른다.

(2003)

나의 향리(鄕里), 소래포구 이야기

어른들은 사두질로 아이들 학비 대고,
고년조개 국물에
행자나물 뜯어먹던 허기지고 짭조름한 시절,
논현 본교에서 파견 나온 개구쟁이 2학년인 우리들은,
해안사령부의 어린 첨병들이었다
아직 전쟁의 상흔이 가시지 않던 마을,
담임선생님 숙소인 논고개 사거리에서
소래분교까지는 한 마장 실이 길,
개미떼처럼 들러붙어 소래까지 풍금을 나르던 우리들은,
구슬땀에 어깨가 휘었지만 탄약 나르듯
옹알종알 용감한 학동전사들이었다

온통 전쟁의 상처로 얼룩졌던 소래 분교,
야전사령부 같았던 거기에서
새록새록 묻어나오는 우리들의 꿈같은 추억들…
폭격으로 그을린 건물 벽에 공책 대신 낙서하고,
몰스부호 찍듯 더듬더듬 손도장 찍고,
구구단을 못 외워 위통 벗고 기합 받고,
삘기 따다 까먹고, 포복으로 게 잡아먹고
팔 소매로 코 닦고, 바지 벗어 이 털어내고
손톱검사 걸릴세라 시멘트벽에 손톱 갈고,
연막 전술 펴듯,

난리통 전리품인 라이터 연막 피우다 질겁해 도망가고…

지구사령관 같으신,
지엄하신 선생님의 훈령에도 불구하고,
개구쟁이들의 일탈은 가끔씩 경종을 울렸지만,
우리들은
영내 잡초들을 뽑아내고 자갈밭을 일구며,
진돌이 술래잡기로 수색작전 펼치고
포구에 몰래 나가 돌팔매로 포 쏠 때는
포구를 사수하는 귀신 잡는 해병들이었다

돌이켜 보면,
소래포구는 어린 우리들이 지켜낸
우리들의 전초 기지,
반세기 흐른 지금, 추억어린 포구는 말 없으나
천하 명소로 붐비고, 뱃고동 소리 드높으니,
지금도,
갯비린내 나는 꼬마 전사들의 꿈은 살아서
승리의 깃발 나부끼고 있다.

(2004. 8)

구겨진 송편을 먹으며

달동네가 없다
한가위는,
욕심의 사다리를 타고 올라
천공에 매달린 달을 따려다
실족하여 떠돈다

이제는
둥근 달도 없고 솔향도 없는
구겨진 송편을 먹으며
어머니의 손으로 곱게 빚어 만든
달을 닮은 옛 송편이 그리워
개떡 같은 명절떡을 곱씹어보지만
남아도는 것은 씁쓸한 뒷맛,
구겨진 그리움 뿐이다.

사금파리의 키스

웬수 월사금을 못내
집으로 돌려보내지던 날
어린 가슴은 검붉게 멍들어 있었는데
빈털터리로,
다시 무서운 교실로 돌아가야 하는 무거운 발길은
논고개 과수원길 꼬불꼬불
눈물방울 똑똑 점 찍어 놓고
훌쩍훌쩍 날리는 무일푼을 걷어차고 있었다.

그때,
저 건너 언덕빼기 콩그루밭 고랑 사이,
햇빛에 반사된 사금파리는
엄니의 눈빛으로 눈부시게 반짝이고 있었는데
억울한 자의 신음에 응답하면서
멍든 소년의 시린 가슴을
뜨겁게 뜨겁게 핥아주고 있었다.

(2004)

하늘로 부치는 사진 세 장

남들은 미수(米壽), 백수(白壽) 잔치를 하는데
어머니 당신은 지금 어디에 계시나요
야속하게도 사진 한 장 남기지 않으신 당신
얼굴도 모르는 당신을 위하여
얼마나 이 아들
목메어 당신 얼굴을 그려봤는지 모릅니다

어머니 가신 지 벌써 55년,
그동안, 가슴 미어지는 외로움
천덕꾸러기로, 외톨박이로
억장 무너지는 미아의 슬픔으로
참으로,
당신 없는 세월은 너무나 춥고 서러웠습니다

올해 세수(歲壽) 85세
가신 날을 맞이하여 이 아들,
남몰래 그리움을 고이 접어
오늘은 사진 세 장을 띄웁니다
이 아들이 희미하게나마,
다시 현상할 수 있는 사진은 딱 세 장뿐
한 장은 햇빛 쏟아지는 논고개 고향집 안방 들창가에서
이 아들에게 눈물로 밥 말아

물밥 떠먹이시는 어머니의 모정 어린 모습이며,
　　또 한 장은
　　큰댁으로 건너가는 마당 끝 두엄터 물 고인 웅덩이에
　　이 아들 줄무늬 꼬까옷을 입고 아장아장 뛰어가다 그곳에 빠져
　　허우적댈 때 극적으로 이 아들을 건져 껴안으신
　　자애로운 어머니의 모습이며,
　　그리고 마지막 한 장은
　　젖먹이 어린 나이라 영문은 몰랐으나
　　왜 그런지 쑥불 냄새 그윽한 안방에서,
　　할머니는 그날따라 나를 보듬어 안고 얼러 주셨는데
　　마당에는 웬 이상한 꽃가마가 있고 사람들은 웅성웅성,
　　그 광경을 보고 신기한 듯 살짝살짝 마당을 훔쳐보는
　　이 어린 아들의 천진난만한 거동 사진,
　　그날이 어머니 가신 날인 줄, 하늘이 무너진 줄 나중에야 알았지만…
　　이렇게 딱 세 장뿐입니다.

　　만 두 살배기 어린 눈으로 찍은 사진이기에
　　흐릿하고 선명하지가 않습니다
　　이제 그 사진을 되돌려 살려내려 하니
　　아련하고 어렴풋하며,

그나마 세 장 다 눈물로 얼룩져 있습니다

그러나 어머니,
이심전심 마음의 눈으로 보면
어머니와 이 아들은 선명히 잘 볼 수가 있습니다
모자간의 인연이 이승에선 잠시였지만,
그리움의 눈물에 섞이면 영생이니,
이 아들은 또 뼈저리는 슬픔의 잔을 거두어
눈시울을 감추고 입술을 깨물며
사진 세 장을 붙들고
어머니 계신 하늘만을 우러러보고 살아왔습니다

꿈결에라도 만나 뵙고 싶은 나의 어머니,
지금도 이 아들을 지켜보고 계시지요
그때 꽃가마 안에 타고 계셨던 어머니의 얼굴
핏덩이 이 아들을 두고 가시니
얼마나 눈물 범벅이셨을까요.
사진 한 장 없이 가신 당신
현몽의 순간에도 그 모습은 인색하시니
이 아들, 야속타 서러워 스스로 불러 보다
이내 자지러지고 맙니다

그러나, 어머니
홀로서기는 휘청휘청,
비록 버거웠지만 오늘도 이렇게 바로 서서
어머니 계신 하늘을 가만히 올려다보며
이 아들 닮으신 어머니를 그려봅니다
그리고 두 손 모아 기도하며
벽장 속에 두고 가신 성경책에 끼워
사진 세 장을 하늘로 띄웁니다
손 내밀며,
내 아들 장하다 여기시고
받아보소서.

(2003. 9. 16)

전선에 있는 아들에게

아, 아침이 밝아오는구나
밝은 햇살로 다가오는 이 아침에도 불현 듯
전선에 있는 네가 그리워
침묵으로 교감 되는 이 뜨거움
고고지성을 외치며 네가 태어날 때처럼
나는 잠시 또 '아빠'하며 달려오는
귀엽고 어린 네 모습을 뜨겁게 안아본다

머리 깎여 너를 출정시키던 날
약속이나 한 듯이 그날, 먼 발치에서
헤어지면서 우리 부자가 서로
불끈 쥐어 보였던 결의 찬 주먹
이 아비는 결코 잊지 않고 있단다
그리고 돌아서서
좀처럼 흔들리지 않던 이 아비의 가슴에도
일렁여 솟구치는 눈물을 감추일 수 없었음은
혼자서 외로이 걸어온 이 아비의 삶이
하나뿐인 너로 인하여
너무도 절박하였기 때문이다

아들아,
억겁 중의 한 오리 연으로,

나는 너로 물려줄 피와 눈물이 있나니
너는 나의 생명이며 전부이니라
거친 세파와 싸우며 또 혼자서 걸어야 하는 너,
연단(鍊鍛)은,
너를 큰 인물로 만들려는 하늘의 큰 계획이심이라
좌절과 낙심과 고통이 따를 때마다 기도하고
이 아비의 끈질김으로 너를 대신하거라

버거운 인생길,
못다 이룬 아비의 꿈 네가 펼치리니
하나님 은총으로 너는 이길 것이며
복의 근원이 될 것이라
부디,
극복의 달인으로 거듭나
장한 내 아들로 돌아와 다오
아들아, 아들아, 사랑하는 내 아들아.

(1998)

요람기 세 가지

안방 들창에는 햇빛이 쏟아지고 있었다
젖이 말라서였을까
눈물에 밥 말아 살점 햇빛 섞어
숟가락으로 물밥 떠먹이시던 어머니
천륜도 서러워라 희미하게 잊혀질까 두려워지는
솜사탕 같이 달콤한 행복이었다

큰집으로 가는 길목엔 두엄터 웅덩이가 있었다
줄무늬 꼬까옷을 입은 세 살배기 나는 어느 날
웅덩이에 빠져 옹알이로 울어댔다
그 때 황급히 달려와 감싸안은 어머니의 따스한 품속
목메어 한(恨) 짊어지고 평생 살아도
꿈속에서나마 다시 안겨보고 싶은
짧았던 순간이었다

안방 구석에서는 쑥불이 타오르고 있었다
감싸 안고 볼비빔 하시는 할머니 손길이 유난히 따뜻하였다
마당에는 마을 사람들이 웅성웅성
화려한 꽃가마가 있었다
나중에 알고 보니, 이 날은
내 커서 눈물샘 판 날이요,
울엄니 가신 날이었다.

(2004)

망향기(望鄕記)

고향꿈의 무대 배경은 언제나 그집이었다
초가집 빗장 대문에,
들어서면 황토 냄새 물씬 풍겨오는 봉당
냉기 스며나오는 낮으막한 대청마루와
건넌방에 딸린 높다란 툇마루
그리고 개나리 꺾어 고무줄 새총 만들던 뒤란의 울타리와
장독대와 개구멍과 참죽나무…
모진 세월의 틈새에 끼어, 버즘 많은 얼굴로
히죽이 햇살마저 훔쳐보던 눈물어린 소년이
그리운 아부지를 만나는 무대이다

꿈속에서 시계는 늘 거꾸로 돌아갔다
북망산 고샅 울엄니 길로는
어린 어깨 짓눌려 핏멍드는 무거운 신음 소리, 그리고 지겟소리
마당에선, 역겨운 인생 돌려치는 힘겨운 도리깨소리
그리고 대문을 열면 아부지의 기침소리…
그러나,
좌절을 챙겨 하늘로 감아올리는 마당가의 전보성대는
늘 소년을 지켜보며 대신 울어 주었다.

(2007)

하늘로 띄우는 편지

반세기만의 한풀이였습니다
격정, 감동, 오열
오늘은
광복절을 맞이하여 남북 이산가족이 상봉한
역사적인 날이었습니다
백세와 칠십 세의 모자가,
팔십대와 육십대의 부자가, 형제와 자매가
서울과 평양에서,
한껏 부둥켜 안고 혈육의 정으로
남에서 북에서 온통 눈물바다를 이루었습니다

그러나,
당신의 아들은 오늘 숨어서
그들을 보며 더욱 슬픔에 혼자 흐느꼈습니다
전쟁도, 분단도, 이념도, 반세기도 넘어
모두들 상봉하는데 당신은 어찌하여
퇴색한 한 장의 사진마저 두고 가지 않으셨는지요
천 배나 만 배나 소리없는 오열로 흐느꼈습니다
남녘 땅에도 아니 계시며,
북녘 땅에도 아니 계시며,
사진으로나마도 만날 수 없는 당신으로 인하여
눈물로도, 감격으로도 대신할 수 없는

가슴 찢기는 이 천형(天刑)을 슬퍼하였습니다

지금 어디에 계십니까
당신없이 지내온 52년 간의 홀로서기는
너무나 외롭고 힘겨워 어린 마음에
야속한 세월을 눈물로 서러움으로
하늘만 바라보고 살아왔습니다

젖먹이 핏덩이 남겨두고,
사진 한 장 없이 훌쩍 가신 당신,
우리 모자(母子)의 만남과 이별은 인연 밖의 일이었던가요
이승과 저승이 하나 될 수 없음에 더욱 통곡하며,
이 아들,
꿈속에서나마 상봉할 날을 손꼽아 기다려 봅니다
어머니, 어머니, 나의 어머니.

(2000. 8. 15 부친 편지)

아버지의 수수깡 울타리

아버지의 겨울은 유난히 따뜻하였다
동장군이 봉당에까지 침투하여 문풍지가 몸서리를 칠 때에도
양지바른 담벼락 한 구석,
아버지의 손놀림은 늘 바쁘시기만 했다
한줌 한줌 긴 수수깡을 접어드시며
고드렛돌로 꼭꼭 조여 울타리를 엮어가시는 모습은
마치 수많은 창살을 자유자재로 다루고 있는
용장과도 같으셨다

수수깡 두루마리를 펼쳐서 집둘레 울타리가 둘러쳐지면
아버지의 성채는 더없이 평온하였다
아늑한 잠자리, 누구도 점령하지 못할 성역
거기엔 한땀 한땀 손결 묻은 어버지의 사랑이 젖어 있었다
참으로 견고한 성벽이었다.

대한 추위에
아파트벽을 공격하는 IMF한파의 기세가 등등하다
갑자기, 시멘트벽보다도 더 견고하고 따뜻한
아버지의 수수깡 울타리가 그리워진다.

(1998)

제5부
사금파리의 혼불

속절없는 바람이었구나

슬픔도 참으면 면역이 되는 걸까
무대 밖에서는
고통의 멍에를 짊어져도 자유롭구나
분통이 옷벗는 소리
척박한 외로움이 도망가는 소리
파랗게 짓눌려 떨고 있던 내 안의 것들아
나는 이제 부시시 일어나 풀빛 그리움까지 넘본다
낮은 밤보다 무섭고 떨리는 형장이었지만
순명은 내 어깨를 밀어 님의 손을 주었도다
달빛도 야윈 들풀의 눈물을 닦아주는구나
두고 간 한 순간은 서러워하지 말자
음습한 것들에 붙잡혀 있던 고독은 흐느껴 울고
옷소매 적시던 긴 한숨도 이미 허공에 붙였으니
낭떠러지에 매달려 있던 순간의 고통도
님의 손 앞에선 속절없는 바람이었구나.

(2004)

어미소 같은 사랑

같은 풀을 먹어도
뱀이 먹으면 독
소가 먹으면 우유가 되나니,
세상에 가장 소중한 사랑은
상한 가슴 뜯어 서서히 속살 열고
아낌없이 제 젖 물려주는 사랑
벙어리 달맞이꽃처럼
밤새껏 풀빛 달빛 주워 먹으며
되새김질하지만 결코 토해내지 않는
어미소 같은 사랑.

(2004)

사랑의 기쁨

그대 있음에
올봄은 벌써 어머니의 맨발로 뛰어온다

언덕배기 아늑한 십자로 올라가는 길
향기로운 꽃과 촌뜨기 나비가 어울려 놀던
계곡 오름길 모퉁이엔 벌써
봄햇살 쪼아먹는 다람쥐들의 입놀림
한겨울 아픔 참아낸 침묵의 잎새에도
파릇파릇한 사랑의 기쁨이 매달려 있다

함께 보고 함께 가며, 함께 듣는 기쁨
그대 있기에, 무릉도원엔 새 이름표가 달린다
물빛 산새소리 귓전에 접으며,
해묵은 서러움의 밑둥을 잘라 비탈길에 묻는다
눈물겨운 발자국이 싫어
그대 정겨운 미소에 띄워본다
사랑이란, 뜨거운 손으로 차가운 손 녹이며
눈물겹도록 하나 되어, 아픔 참아내는 기쁨
그러나,
아늑한 어머니의 태동에
더 가슴 태우는 파릇한 봄빛.

(2004년 4월호 『주부생활』 게재)

그대의 빈 자리

매년 쓸쓸한 가을이 되면
남몰래,
정향(情香) 그윽한 그대의 창살 엿보다
취한 정 보듬고 스러져가는 바람처럼
이렇듯 처연히
한 떨기 낙엽 되어 흩날려야 하나니

아쉬움 아쉬운 곳에 떨쳐버리고
그리움 그리운 곳에 묻어버리지 않으면
이 철마다 도지는 가슴앓이
올해도 흩날리는 낙엽처럼
서툰 세월 외진 골목에서 서성이다가
쓸쓸히 붉게 물든 해묵은 다정을
산사로 가는 오솔길에 풀어헤치며
코끝에 스치는,
그대의 풋풋한 가을 엽향(葉香)에 취해보는
그대 없는 쓸쓸한 빈 자리.

(1973)

바다가 보이는 교실
―섬마을 선생님을 꿈꾸며

새로 나온 교과서를 나누어 주었다
어릴 적, 금도끼 은도끼가 나오는
새 책을 펼치고 좋아했던 그 냄새,
새콤달콤한 그 냄새는 아직도 그대로다
나는 그 냄새에 취해 1교시를 끝냈다

여기 아이들의 눈망울은 언제나 갯고동처럼,
동글동글 푸른 색깔이 짙다
그리고 초롱초롱한 속정은 솜털같이 포근하다
새 교과서의 새콤한 종이 냄새와 같이
새롭고 해맑은 동심에 취해
그녀와 함께 건너온 이 외딴 섬,
나는 이제 이 섬의 주인이 되었다

구석구석 먼지 없는 총각 선생 열정과
티 없는 동심이 어우러진 내 교실,
잠시 바깥을 내다 본다

창문을 열어젖히니
시원스레 들이치는 바닷바람,
저 멀리 보이는 수평선은 여전히

푸른 꿈을 보듬고 출렁거리며 포효하고 있다

아, 돌아가 다시 서 보고 싶은,
바다가 보이는 내 교실이여.

(2007. 성덕 교단을 떠나며)

사금파리의 혼불

나는 깨진 것이 아니다
나는 사라진 것이 아니다
파편을 붙여 모은 나의 심장은
지금도 뜨겁게 뛰고 있노라
삶과 죽음의 가까운 거리만큼
잡힐 듯 시공을 넘너드는 내 혼불이여
잡초밭 엉겅퀴의 따가움이
채 가시지도 않았는데
못된 치한의 칼에 휘둘려
나의 꿈은 산산조각이 났었느니라
그러나, 깨진 것은 깨진 것이 아니고
죽은 것은 죽은 것이 아니니라
죽음의 나들이란,
추악한 겸손이 이끄는 세월의 식전(式典) 뒤
밭고랑 사이에 엎드려 숨을 고르는 일,
나는 오늘도 풋풋한 흙냄새 음기를 빨아먹고
나만의 햇살 양기를 온몸에 쪼이며
반짝이는 새 빛살 무늬를 발하노라.

(2007)

자존심에 관하여

자존심은 스스로를 지탱하는 기둥이다
그것은 나만의 울타리를 쳐놓고
성채 같은 집을 짓기도 한다
그것은 흔들리는 나를 붙잡기 위한
힘겨운 날갯짓이지만,
주식은 자기도취이며, 부식은 교만의 파편 조각이다
그것은 남보다 더 넓은 가슴을 갖고 있지 못하기 때문에
저지르는 비굴함일 수도 있다
그것은 비열한 창으로 남을 찌르기도 하는데,
사랑하는 사람이 다른 이와 몰래 데이트할 때
가장 많이 찌른다

사랑하는 이에게 바짝 다가서려면
때론 그이를 끌어안기 위하여
내 안에 웃자라는,
따가운 자존심의 뿔들은 수시로 쳐내야 한다
우리가 살아 있는 동안,
수염을 매일 매일 깎아내야 하듯이.

(2014)

고운 이름 수정이에게

수정아,
내가 처음 너를 보았을 땐,
수정처럼 맑은 눈동자와
햇살처럼 번져나는 잔잔한 미소
그리고 몇 마디 안 던졌지만
샘물처럼 잔잔히 흐르는 네 말씨가
퍽이나 순수하고 여성적이어서
훌륭한 제자를 얻었다는 넘쳐나는 기쁨과 자부심,
그것이 전부였다.

그런데,
라일락 향기 짙은 어느 날
느닷없이 다가온 네 슬픈 소식
눈물 가지에 매달린
네 가슴의 연약한 이름표는 이지러진 꽃잎처럼
힘없이 땅에 떨어지고
세월은 널 속이고
아름답던 네 꿈마저 길거리로 쫓아내니
나는 그 비보에 놀라
가슴 흔들리는 전율까지 느끼며
고운 네 이름을
몇 번이고 몇 번이고 불러 보았단다.

수정아,
남몰래 무대 뒤에서 훌쩍이던 너,
그러나 위대한 이름은
힘겨워 넘어져 상처가 나도 울지 않으며
연약하여 잠시 휘어질지언정
꺾이지는 않는다.

독버섯과,
승냥이와 여우들이 우글거리고 있는 세상,
금단의 열매는 쳐다보지도 말고,
눈물 젖은 빵을 달게 씹으면서
어둠의 긴 터널을 빠져나가면
거기엔,
파아란 하늘에 햇빛 쏟아지는 벌판
하이얀 가슴에 수정처럼 맑은 눈
고운 이름 네가 있단다.

(2007)

어쩌다 수수밭을 보고

반갑도다
침묵 속에 갇혀 있던 나의 고향 노래여
야속한 찬 바람에 허기진 신음의 세월
감당할 수 없는 무거운 짐은
밀려오는 고독을 기만하고
휘어진 어깨는 너와 함께
또 가을바람이 곤혹스럽구나

내 가냘픈 심사 매달린 본향은
보릿고개 너머 그루밭,
산자락에 자리잡은 너의 그늘이었도다
그런데, 칼바람 부는 세월의 식전 뒤에서
목 부러지고 참수(斬首) 당한 너는
슬픈 실향 사연의 화전민이었던가

아아, 진실로 너의 품속은 나의 모성이었도다
나는 동화 속 산 그루밭을 달려가는 초동,
깜부기, 콩서리로 들뜬 입술 달래고
고개 숙인 네 수숫목을 싹둑싹둑 잘라내
허기를 채우고
빗자루 엮어 시름 쓸던
가냘픈 촌뜨기였도다

지금 나는,
허수아비의 헛기침 소리에도 기뻐 놀래라
꿈속의 먼 발치로 들려오는 노스탈쟈여
나는 일그러지고 구부러진 세월을 비껴
모처럼 찾아온 네 수숫단 이불 속에서
물씬한 사탕수수 음기를 빨며,
내 달콤한 가을 향기에 취해 보노라.

(2004)

가리산

나 그대 품속 같은
가리산 가리 가리

올라갈 땐 낮아지고 내려올 땐 높아지는
나 가리산 가리 가리

숲길엔 총총총 세상 금줄 그어놓고
억새꽃 사랑꽃 어우렁 더우렁
춤추듯 연초록빛 가릴 듯 수줍어
젖꼭지 똑똑 떨어져 내려
알밤으로 정 줍던 곳
나 가리산 가리 가리

쪽빛 물소리 새소리 휘어감고
한아름 푸른 사랑 가득 안고 돌아오는
나 가리산 가리 가리.

대부항의 파천무(破天舞)

파도는 왜 흐느끼는가
이렇듯 바다의 혈관을 뚫고
어둠을 찔러
길게 이어놓은 생명의 가교(架橋)는
붉게 타는 저녁놀을 잡아당기는데

어째서 심안(心眼)은 두리번거리는가
세월 저만치 나 앉아서
기다리지 않더라도 올 것은 다 오는데

끼륵끼륵 갈매기는 편하겠구나
갯바람으로 목욕하고
고통의 굴레 밖을 날며
오로지 부화(孵化)만을 쪼아먹는 너

긴 방뚝에는,
갯바람을 걷어올리며
너도 나도 촉수로 더듬는 강태공들의 행렬,
하늘로 춤추는 낚시줄엔
도망가는 세월만이 걸린다.

(2007)

무학은 간월암에서 달을 훔치고

구름 속에 피어난 한 떨기 연꽃이라 했던가
밀물 때면 바다에 둥둥 떠 있다가
썰물 때면 육로를 펼쳐놓는 서산 갯바위
무학(無學)과 만공(滿空)의 숨결 따라
줄줄이 이어지는 수행자들의 발걸음은
황량한 개펄을 짓이기고 있었다.

철새들은 군무로 원을 그리고 있는데
가부좌를 틀고 앉은 무학의 깨달음은 허공을 맴돌다
잠시 바다로 곤두박질한다.
그렇지, 무학은 자신의 공허한 가슴을 열어놓고
휘영청 보름달을 온통 훔쳐 도(道)를 가슴에 채우고
인간이 지니고 있는 욕망과 번뇌를
거친 밤바다에 버리고 싶었던 게다.

여기는 백팔번뇌를 바다에 폐기하고
신선한 달을 따서 내공(內空)을 채우는 득도(得道)의 전진 기지

세월 건너온 무학표 어리굴젓의 외침은 가냘픈데
수행자들은, 길이 끝나는 곳에서
또 길을 묻고 있다.

(2003. 1. 25)

* 간월암(看月庵) : 무학대사가 달을 보고 득도하였다는 서산 앞바다의 암자, 이곳의 어리굴젓이 별미인데 무학이 이태조에게 진상품으로 올렸다 함.

검은여의 사랑

행여 가실 줄이야 차마 모르고
그대 날 버리신다면
그대와 만날 수 있는 길
바닷속 음기를 머금고 구름 타고 하늘에 올라
그대 따라 이 세상 끝까지
떠 있는 돌이 되어
떠 있는 돌이 되어
섬기는 슬픔과 기쁨은 한 줄기 빛
만남과 헤어짐도 한 뿌리의 연분이었네

정처없이 흘러가는 구름 띠 삼아
떠서 머물은 영원한 내 사랑
도비산 올려다보며 흔들어 깨우는 연심은
엇갈린 연분보다 더욱 진하거늘
오늘도 검은 치맛자락 펼치고 앉아
눈물점 푹 찍은 붉은 해당화 꽃대에 가시 숨기고
바닷가에 앉아서 그대 기다리고 있네.

(2021)

* 검은여 : 서산 부석면의 상징적인 보물석, 일몰 때에도 물에 잠기지 않아 마치 떠 있는 것처럼 보여 '뜬 돌'(浮石)이라고 불림. 부석의 유래를 품고 있는 이 검은여에는 의상대사와 그를 사모하던 여인(선묘낭자)과의 애절한 사랑이야기가 전설로 내려오고 있음.

아즈만(Azman)군에게

참으로 놀라운 일은
축구공 같은
둥글고 작은 '지구'라는 것
오지의 원주민 촌에서
어린 네가 나를 맞이하여 고사리 손 흔들며
작지만 거대한 함성으로
뜻밖에도 "대 – 한민국"이라고 손뼉치며 외칠 때
아시아는 하나임을,
너와 나는 한 가족임을 느꼈다
그리고 또 한 가지 놀라운 일은
민속춤 추는 네 누나들의 애잔하고 티 없는 미소
그 속에 녹아 있는 천연의 원시 사랑
일부러 아름다움을 찾지 않는
그것이 너무도 아름다워
오늘도 나는 너에게 달려간다.

(2002. 8. 12 인도네시아 바탐섬 기행)

남동 갯벌을 잃고

논배미 가로지른 수인선 철둑길 너머, 달걀섬 가는 길
거기는 인간과 하늘이 만나는 약속의 땅이었다네
염전 갯저수지 곱게 뻗은 뚝방 오릿길
갯비린내 촉촉이 옷소매를 적시면
게굴 들락날락 숨바꼭질하던 방게들과
할금할금 눈알 돌리며 꼬리치던 어린 갯망둥어들
그리고, 울긋불긋 수줍은 행자나물이 반기었었네

그러나, 이제는, 허물어진 그들 방어의 벽
바다를 지키던 해신마저도 등돌린 아픔의 땅에
해조음 신음소리마저 파지에 깔렸는데
그리워 산산히 흩어져버린 추억의 파편들을
하나 둘 주워모아 보건만,
빽빽이 버티고 들어앉은 공단의 시커먼 굴뚝과
구역질 나는 수챗구멍 오수와
아스발트 밑바닥에서 들려오는
갯것들의 죽은 아우성만 떠돌고 있네

아, 저멀리
게거품 일으키며 좌초한 갯골의 고깃배
바닷바람 불어오는 달걀섬 쪽으로 달려가 보건만
짭조름한 그때 그 뚝방길은 간 곳이 없네.

(2004)

금강산 망양대에서

여기는 하늘이 점지한 자리
눈 아래로는 만물상이 그림처럼 펼쳐지고
천 길 낭떠러지엔
바위 틈으로 아슬아슬 붙어 있는 향일송(向日松)
산정의 바람은 억겹을 돌고 돌아
용부(傭夫)의 좁은 가슴을 시원스레 뚫어준다

산바람에 날아가려는 모자를 움켜 쥐고
신선이 놀다 간 너럭바위에 앉으니
건너편엔 병풍처럼 내리뻗은 천선대(天仙臺)
한여름의 울긋불긋한 점모양은 사람의 꽃이 아닌가
발 밑으로는 기기묘묘한 귀재들의 경연이 펼쳐지고
수천 수만의 창을 꽂아놓은 듯
각양각색의 기암이 각기 일어서서 제 기(氣)를 뽐낸다

저 멀리 비로봉이 다가오라 손짓하니
산 소리 몇 점 찍어 구름에 실려 보내는 기분
아, 여기는 천계인가 선계인가
동으로는 비취빛 동해바다의 너른 가슴이 밀려와
비로소 하늘이 열리고 땅이 솟구치니

비경에 신선이 되었다는 봉래(蓬萊)도
지금 선녀를 안고 춤을 춘다.

(2002. 8. 3)

* 망양대 : 금강산 만물상 코스의 정상(해발 1031m)
* 봉래(蓬萊) : 조선 양사언의 호, 양사언은 금강산의 비경에 취해 눌러앉아 신선이 되었다 함. 그는 금강산의 여름 이름인 '봉래'를 자신의 호로 삼음.

마지막 인사

이승의 종착역에 도착하는 날
이 짧은 여행이 얼마나 소중하였는가를
얼마나 아름다웠는가를
뜨거운 가슴으로 말해 주리

축제의 찬송을 들으며
비운 가슴으로 한 명 한 명 악수하면서
미움도 원망도 없다며 훌훌 털고
마지막 작별 인사를 하리

그리고 숨을 쉰다는 것은
얼마나 아름다운 축복인지
천국 여행도 얼마나 기대가 큰 것인지
감사하며 하늘을 우러러 보리

여행이란 험곡이 많지만,
나 자신을 들어서 구원의 선상에 올리는 일
인생은 그 발자국이 힘겨웠을 때
축복의 미소가 더 넘친다는 것을
손 흔들며 다정히 말해 주리.

(2005)

비익조(比翼鳥) 되어
— 원가계에서

소릴 지르면
영겁의 메아리도 들려올 텐데
삶과 죽음의 가까운 거리만큼
시공을 넘나드는 사랑이여

꼭꼭 잠근 사랑의 자물쇠
천길 벼랑 아래로 열쇠를 던져두고
사랑의 언약이 머문 자리엔
서설의 눈꽃도 아름다워라.

고독이 두려워, 별리가 두려워
아직도 한 발은 이승에 두고
한 발은 저승에 두고
허공에 눈물 뿌리며 손가락 걸고 있네

천하제일교 정자기둥엔
주렁주렁 매달려 있는 깍지 낀 사연들
천계에 짚신 신고 들어와
영원을 맹세한 사랑의 언약이
비익조 되어 천공을 날고 있네.

(2006)

암벽 타기

아, 얼마나 무서운 고독이었는가
일그러진 움막 안에서 홀로 훌쩍이며
얼마나 많은 상처를 동여맸었는가
내 아직 처참한 골짜기에 머물고 있음은
밧줄 탓인가, 나의 힘이 약했음인가

나는 운명 갈림길에서 버팀 밧줄을 잡았도다
운명의 사각지대에서 허우적거리다
못된 사냥꾼의 칼에 밧줄이 끊겼노라

내 간절해도 눈밖에 비껴앉은 정상의 깃발아
하늘이 허락지 않는 코스로는 결코 아니 오르리
아, 바위에 금가는 소리가 들린다
암벽을 또다시 오르는 내 등짐은 너무나 무겁도다
나의 눈물은 강을 이루고
나의 한은 천궁에 새겨졌도다

그러나,
토라질때로 토라진 허무의 소리도 들었노라
모든 것은 내 운명일지라 섭리일지라
나는 악연을 떨쳐버리고
나의 분노는 이제 노을에 다 태웠노라

나의 가슴 상처는 아물며
아직 팔의 힘즐이 있고 심장은 뛰도다
나는 오늘도,
시름의 짐을 기꺼이 지고
암벽을 타며 정상을 향하노라.

(2007)

촌뜨기 메아리

왕깜상에 버즘 많은 아이,
손가락 권총에 놀라
마당 댑싸리 속으로 줄행랑치던 순진한 아이
어-이, 어-이,
어미 부르는 아이 소리에 산은 갈라지는데
훌쩍훌쩍 보리밥 대바가지 주걱으로 긁어대다가
낮에는 산씨리꽃 터지게 터지게 불질러 놓고
풋살배기 산딸기를 따 먹으며
산 칡뿌리를 빨고 있다네

입 벌린 물 골짜기 한쪽 구석에는
덕지덕지 들러붙은 해묵은 서러움의 뒷모습,
기대선 소나무들은 세월의 짐 지고 섰는데
으스름 저녁,
구-구, 구-구
산비둘기 소리는 산밭 깜부기를 따 주며
밤에는 마냥 달빛 속으로 들어가라 하네.

(2004)

· 〈부록〉 팔순기념 인문학 특강 자료 ·

문인의 자세와 선비정신

효봉 이 광 녕 (문학박사, 문예창작 지도교수)

I. 들어가며

'문화(文化)'와 '문명(文明)'이라는 단어를 보면 모든 문화예술의 중심에는 모두 '글'이 있다는 것을 알 수 있다. 그래서 일찍이 논어에서는 '不學詩無以言(불학시 무이언)'이라 하여, 글을 모든 문화예술의 중심 요소로 보고 생활의 필수 요건으로까지 보았다. 글을 가까이 하여 학문을 쌓고 학덕을 갖춘 사람을 예전부터 우리나라에서는 '선비'라고 칭해왔다.

물질주의와 이기주의가 팽배한 살벌한 이 시대, 문인들은 이 선비정신을 갖춘 덕망 있는 작가라야 하는데, 현대의 작가들은 예전의 선비들보다 이런 면에서 아주 둔감할 뿐만 아니라 제대로 인지하지 못하고 노력도 하지 않는 듯하다.

일찍이 다산 정약용은 "시 없이 평화 없다"라고 말하였는데, 문인의 세계가 선비정신으로 교유 되고 대동 단합한다면 아마도 우리 문단과 사회는 더욱 밝아지고 진일보된 이상향으로 펼쳐질 것이다. 다음에 작가의 입장에서 바라본 선비정신의 정의와 문인의 자세에 대하여 바람직한 논지를 펼쳐 보이려 한다.

2. 선비정신이란 무엇인가

'선비'하면 도포자락에 갓을 쓰고 서책을 가까이 하던 전통적인 지식인의 모습을 연상하게 된다. 필자는 '文'자의 글자 형태를 머리에 갓을 쓴 선비가 갓끈을 맨 모습으로 풀이하기도 한다. '갓'은 지식과 교양을 갖춘 고고한 품격을 상징하며 그것으로 스스로 선비임을 자처하던 전통 사고의 맥을 이어 왔다.

서양에서 지식과 학덕을 갖춘 예의 바른 이를 '젠틀맨'이라 하는데 우리나라에선 그런 사람을 일러 '선비'라 일컬어 왔다. 선비는 벼슬과는 상관없이 직책 여하를 막론하고 학덕과 교양을 겸비한 품격 높은 인사를 말한다. 선비는 학문이 높고 언행에 예절이 바르며 도리와 원칙을 준수하고 관직이나 재물을 탐하지 않는 청렴 고결한 인품을 지녀야 한다.

이러한 선비정신은 현대의 문단과 문인들에게도 그 아름다운 전통사상이 이어져야 바람직하다. 선비정신은 동양철학의 사상적 배경과 직결되어 있기에 그 사상적 배경을 살펴보기로 한다.

3. 동양철학의 사상적 배경과 선비정신

선비정신에 크게 영향을 미친 사상적 배경에는 유가사상의 영향이 컸다고 본다.

동양철학은 유가(儒家)의 뿌리라고 볼 수 있는 공자(孔子, BC551~BC479) 맹자(孟子,BC372~BC289)의 공맹사상에서부터 비롯되어 송나라의 주희(朱熹)가 내세운 주자학(朱子學)에 이르러 그 사상적 중흥을 널리 전파하게 되었다. 주자학 즉 유교는 인간의 네 가지 본성에서 우러나오는 마음[仁義禮智]과 일곱 가지 감정[喜怒哀懼愛惡欲]을 말하는 사단칠정(四端七情)을 수양의 덕목으로 삼고 '성리학(性理學)'이라는 이름으로 이상적 도덕철학을 구현함으로써 인간성을 회복하고 사회의 발전과 변화를 도모하려는 뜻이 있었다.

이러한 유가사상은 도덕적 통치철학을 강조하여 사대문의 명칭도 '인의예지(仁義禮智)'라는 덕목을 적용하여 동대문을 '흥인지문(興仁之門)', 서대문을 '돈의문(敦義門)', 남대문을 '숭례문(崇禮門)', 북대문을 '홍지문(弘智門)'으로 명명하는 등 덕치의 근본으로 삼아왔다. 조선의 유학은 이황(李滉), 이이(李珥) 등이 대표적인 성리학자인데, 인간 본성에 따른 덕목인 사단(四端)과 인간의 감정인 칠정(七情)이 어떤 관계에 있는지에 대해선 주리론(主理論)과 주기론(主氣論)으로 갈리는 등 학파에 따라 각각 다른 입장을 보였다.

성리학은 비합리적, 신분주의적 관념에서 탈피하지 못하고 인간 본성의 변화에만 호소한 경향이 짙어 임진왜란(1592년) 이후에는 지행일치(知行一致)의 실천철학인 양명학(陽明學)이 최명길, 이익 등에 의해 나타나고, 그 이후에 실사구시(實事求是)를 추구하는 고증학(考證學)이 정약용, 유득공, 안정복 등에 의해 발전하게 되는 양상을 보였다.

유가사상 외에 선비정신에 크게 영향을 준 동양철학은 '도가사상(道家思想)'이라 일컫는 노장사상(老莊思想)이다. 노자(老子)와 장자(莊子)는 자연 순응과 부드러움, 비움과 낮춤의 미학을 강조하여 '유능제강(柔能制剛)'의 원리가 숨어 있다. 그들은 무위(無爲)와 무욕적(無慾的) 삶을 지향하고 자연 순환 섭리의 선비적 철학관과 문학적 지위를 확보하였다.

노자의 '무위자연(無爲自然)' 철학은 도가(道家) 노장사상의 핵심 개념인데, 인위적인 삶을 배격하고 자연스러움을 지향하라는 뜻이 담겨 있으며, '자연으로 돌아가라'는 서양 룻소(Rousseau)의 말을 연상시켜 준다. 도가철학의 시조인 노자가 지었다고 전해지는 도가서가 『도덕경(道德經)』인데, 여기엔 그의 '상선약수(上善若水)'와 '곡신불사(谷神不死)' 정신, '위학일익(爲學日益) 위도일손(爲道日損)' 원리, 장단상교(長短相較)' 논리, '화혜복소의(禍兮福所倚) 복혜화소복(福兮禍所伏)'이라는 전화위복의 순리, '지족불욕(知足不辱)하고 지지불태(知止不殆)면 가이장구(可以長久)'라는 생명의 말씀 등, 순리를 거스르지 않는 자연스런 삶의 놀라운 철학 사상이 집대성되어 있다.

장자(莊子) 역시 선비 사상에 크게 영향을 준 도가의 중심 인물이다. 맹자가 공자를 최고의 스승으로 섬겼다면, 장자는 노자를 최고의 스승으로 섬겼는데, 장자 사상의 중요한 특징은 범신론(汎神論)과 물아일체(物我一體) 사상을 바탕으로 인생을 바쁘게 살지 말라는 삶의 철학이 우리를 되돌아보게 한다. 인생은 소풍 나온 것이니 '소요유(逍遙遊)'라 하여 자연에 순응하면서 슬슬 거닐 듯이 여유 있게 살라는 것이다. 그의 사상을 드러내 주는 중요한 말로써 '예미도중(曳尾途中)', '지인무기(至人無己)', '못생긴 나무가 산을 지킨다', '학의 다리가 길다고 자르지 말라' 등이 있는데, 이러한 사상철학은 어지러운 현대를 살아가는 우리들에게 인생 참삶의 가치와 방향을 제시해 주고 있다. 필자는 나이가 들수록 부드러움과 낮춤의 미학을 추구한 노장사상에 더욱 매력을 느낀다. 다음에 관련 시조 작품을 감상해 보기로 하자.

　　　물아래 그림자 지니 다리 위에 중이 간다.
　　　저 중아 게 섯거라 너 가는데 물어보자
　　　손으로 흰구름 가리키고 말 아니코 간다.
　　　　　　　　　　　　　　　　　- 작가 미상(고시조)

　이 시조를 읽는 독자들은 문맥의 아이러니와 내용상의 깊이에 고개를 갸우뚱 할 것이다. 다리 위로 중이 지나가니까 물에 그림자가 지는 것인데, "물 아래 그림자 지니 다리 위에 중이 간다"고 하니 어법 논리 상 맞지 않다. 그러나 작가의 시상은 문맥을 초월하여 즉흥적 직관의 세계로 이끌고 있다. 그림자가 있어 위를 보니 중이 지나간다는 것이니, 자연을 앞세우고 인간을 뒤로 세운 것이다. 무위자연과 물아일체의 노장적 사상과 관련이 깊은 글이다.

> 달리는 열차에는 굽힘 미학 실려 있다
> 굽은 길 내닫는 길 탈선하지 않는 뜻은
> 칸마다 시시때때로 굽혀 꺾기 때문이다.
>
> 꼿꼿하다 강직하다 대쪽 같다 자랑 마오
> 인생길 굽이마다 휠 줄 몰라 부러지니
> 지는 게 이기는 거란 말 꺾인 뒤에 알겠네.
>
> — 효봉, 「굽힘의 미학」 전문

이 글은 굽힘과 부드러움, 즉 유능제강(柔能制剛)의 미학을 강조한 시조다. 달리는 열차가 곡선구간에서 굽혀지지 않는다면 앞으로 나아가지 못하고 탈선할 것이다. 대쪽 같다고 일컫는 인사도 속을 비우지 않고, 휘어지지 않고서야 어찌 군자라 할 수 있겠는가?. '굴기자(屈己者)는 능처중(能處重)' 즉, '굽힐 줄 아는 자가 중히 쓰임 받는다'라고 하였다. 노장사상의 부드러움과 낮춤의 생명 철학은 선비정신을 잃은 오늘날 현대인들에게 금과옥조가 되어 반짝반짝 빛나고 있다.

4. 지향해 나아가야 할 선비(詩人, 文士, 君子) 정신

1) 온유돈후 시교야(溫柔敦厚 詩敎也)

예기에 '溫柔敦厚 詩敎也'라고 하여 '온유돈후한 것이 시에서 가르치는 바'라고 하였다. 문인은 남을 배려하여 관용을 베풀고 행실은 어질게 해야 한다. 어짊(仁)의 기준은 '남의 잘된 일을 얼마나 진심으로 기뻐하고 있나'로 측정할 수 있는데, 오늘날 우리 사회에서는 배려나 관용이나 용서보다는 저주나 시기질투가 만연되어 있다. 이러한 소인배의 험악한 성정에서 벗어나 하루 속히, '박기후인(薄己厚人)', '관즉득중(寬則得衆)', '군자불기(君子不器)'라는 말을 되새기며, 군자답고 선비다운 인품의 향기를 갖추어 나갈 때 이상 세계는 형성될 것이다.

다산 정약용(丁若鏞 1762~1836)도 "詩 없이 평화 없다"라고 하였다. 詩는 그 선한 마을을 감발시키는 것이고, 禮는 그 몸을 단속하는 것이며, 樂은 그 뜻을 온화하게 하는 것이다. 시는 그렇게 온화하고 전일하기 때문에 德을 이룰 수 있는 것이니, 시인은 선비정신을 갖춰야 한다.

2) 덕불고 필유린(德不孤 必有隣), 인자무적(仁者無敵)

공자가 말한 '덕불고 필유린(德不孤 必有隣)'이란 말은 '德必有隣(덕필유린)'과 같은 것인데, '덕은 외롭지 않고 반드시 이웃이 있다'라는 뜻이다. 사마천의 사기(史記)에 '도리불언(桃李不言) 하자성혜(下自成蹊)'라고 하였다. 이는 '복숭아나무와 자두나무는 말을 하지 않더라도 그 아래에 저절로 지름길이 난다'는 뜻으로 인품의 향기가 좋으면 저절로 사람이 모인다는 것을 비유한 말이다.

선비의 첫째 조건이 덕망이다. '덕본재말(德本財末)'이요, '교우지도(交友之道) 막여신의(莫如信義)'라 하였으니, 재물보다는 학덕과 지조와 신의로써 문우의 도리를 지켜나가는 것은 선비 정신을 지향하는 지름길이다.

맹자는 '인자무적(仁者無敵 : 어진 자에겐 적이 없다)'이라 하였는데, 선비의 마음은 늘 어질어야 하며, 남을 대할 때는 봄바람처럼 부드럽게[待人春風], 자기에겐 추상같이 엄해야 한다[持己秋霜].

3) 만초손 겸수익(滿招損 謙受益), 상선약수(上善若水)

서경에 나오는 '만초손 겸수익(滿招損 謙受益)'이란 말은 교만하면 손해를 부르고, 겸손하면 이득을 받는다'는 뜻이다. 노자의 '상선약수(上善若水)'는 낮게 흐르는 물의 덕이 최고라는 것이다. 이는 고금을 통해서 실증된 바이며, 중심을 잡지 못하고 목에 힘주고 살아가는 모든 사람들이 깊이 새기고 실천해야 할 덕목이다.

광릉부원군 이극배(李克培, 1422~1495)는 조선전기의 문신이며 본관은 광주(廣州)이다. 그의 자는 겸보(謙甫)이고 호는 우봉(牛峰)이며 이집(李集)의 증손이다. 그는 후손을 불러놓고, "사물은 성대하면 반드시 쇠하게 되어 있다. 너희는 자만해서는 안 된다." 그리고는 두 손자 이름을 '수겸'(守謙 : 겸손함을 지켜라), '수공'(守恭 : 공손함을 지켜라)으로 지어주었다. 그리고는 "처세 방법은 이 두 글자를 넘는 법이 없다"라고 하며, "자만을 멀리하고 겸공으로 석복(惜福 : 복을 아끼는 것)하라"고 하였다. 이러한 겸공의 철학을 전승시킨 광주이씨의 후손들은 조선시대 청백리 5명을 비롯, 총 713명의 과거 급제자를 배출하는 영광을 누렸다.

일찍이 고은 시인도 「그 꽃」이란 시에서, "내려갈 때 보았네 / 올라갈 때 보지 못한 그 꽃"이라고 노래하였다. 이는 높이 오를 때는 교만해져서 안하무인격으로 아무 것도 안 보이다가, 추락할 그때에서야 주변의 진실이 보이게 된다는 뜻이다.

이 밖에 노자의 '곡신불사(谷神不死 : 계곡 정신은 죽지 않는다)' 사상, 겸양의 도를 지켜내는 '우묵눌(愚默訥)'의 인품 향기 등은 다 이와 관련된 내용들이다. 역사적으로 자기만이 최고인 양 교만 때문에 패가망신한 인물들이 얼마나 많았던가! 이러한 낮춤의 겸양 처신 철학은 오늘날에도 지켜내야 할 가장 중요한 수양 덕목이다.

4) 위학일익 위도일손(爲學日益 爲道日損), 안빈낙도(安貧樂道)

노자 도덕경의 '위학일익 위도일손(爲學日益 爲道日損)'이란 말은 "배우는 것은 날마다 보태는 것이요, 도를 닦는 것은 날마다 덜어내는 것이다"라는 뜻이다. 학문 탐구의 중요성과 도(道)와 관련된 비움 미학의 실천성을 강조한 것이다. 청나라 좌종당은 "학문(學問)은 여역수행주(如逆水行舟)하여 부진즉퇴(不進則退)"라고 하였다. 학문을 게을리 하면 알던 것도 잊게 되어 뒤로 후퇴하게 된다는 말이니, 단기지교(斷機之敎)면 결코 이룰 수 없고, 인백기천(人百己千)의 의지로 날마다 쉬지 않고 노를 젓고 정진하여야 앞으로 나아갈 수 있다. 학문 탐구는 남몰래 도광양회(韜光養晦) 정신으로, 정진수도(精進修道)는 마음을 비운 수행심으로 임하는 선비정신이 요망된다. 도를 닦는 일은 날마다 쌓인 번뇌와 욕심을 덜어내는 것이라 하니, 이것이 바로 마음을 비우고 순리대로 살아가는 철학이요, 선비가 지켜 나아가야 할 수행의 기본 덕목인 것이다.

    산 하나 우뚝 서서 "다 버려라" 호령하네,
    침침한 눈 비늘을 한 커씩 벗겨내고
    삿됨도 놓으라하네 눈에 씌운 깍지라며.

    먼 바다 파도소리 간간이 들려오는
    고즈넉한 산사에서 풍광이나 벗을 하고
    고달픈 윤회의 끝을 허허 대며 살라하네.
        - 김은자, 「구름이듯 바람이듯」 전문

 노자는 '무위자연(無爲自然)'을, 법정스님은 '무소유(無所有)'를 주장하였다. 사람이 어찌 '채움'으로만 만족할 수 있단 말인가. '비움'의 철학에서 진정한 '채움'이 이루어진다는 진리를 망각한 채 말이다. 이 글은 풍광 좋은 어느 산 밑의 산사를 배경으로 지은 시조다. 인간의 욕심은 끝이 없고 오늘도 세상의 삿됨에 눈멀어 있으니, 만유의 질서를 품고 있는 대자연의 눈으로 보면 대단히 어리석고 한심하기 짝이 없는 노릇이다. 파도소리 간간이 들려오는 고즈넉한 산사에 드니 우람한 산은 '다 버려라' 호령하고, 대자연은 우주질서를 품고 있는 풍광이나 벗을 하며 달인대관의 자세로 순리대로 살라 하니, 옛 선비들이 길을 걷던 안분지족(安分知足)의 경지에 드는 듯하다.

 이 시조를 읊으면 물질주의와 이기주의가 팽배한 각박한

현실에서, 마음의 평정을 얻어 안빈낙도(安貧樂道)의 평안함이 가슴 속에 젖어들게 한다. 일상에 쫓기는 현대인들에게 자기성찰의 기회를 부여해 줄 뿐만 아니라, 올바른 삶의 철학까지 제시해 주는 좋은 시조이다.

5) 지족불욕 지지불태 가이장구(知足不辱 知止不殆 可以長久)

일찍이 우리 선조들은 '안빈낙도(安貧樂道)'라는 선비 철학을 실천하며 살아왔다. 인물에 따라 그 실천 양상이 달랐지만, 선비다운 실천철학을 구현하고자 하는 데는 공감대를 형성하고 있었다.

노자 도덕경에서는 '지족불욕 지지불태 가이장구(知足不辱 知止不殆 可以長久)'라고 하여, '만족함을 알면 욕됨이 없고, 그침을 알면 위태롭지 않으며 오래 장수할 수 있다'라고 말하고 있다. 모든 것은 다 마음먹기에 따라 달리 판단되는 것이기에, 주어진 현실을 만족하다고 느끼면 결코 욕됨을 당하지 않고, 지나친 과욕을 부려 때에 이르러도 그칠 줄 모르면 위태롭게 전개된다는 뜻이니, 세상 이치와 그에 따른 처신철학을 아주 잘 나타내 준 말이다. 선비정신에 아주 적합한, 좋은 가르침의 말이다.

> 무명한 자 같으나 은근히 유명한 자요
> 죽은 자 같으나 살아 있는 숨은 자요
> 징계를 받은 자 같으나 용서 받은 양이로다.
>
> 근심하는 자 같으나 범사에 기뻐하고
> 가난한 자 같으나 많은 이를 부요케 하고

가진 것 없는 자 같으나 모든 것을 지닌 자다.
- 효봉, 「아름다운 이름은」 (고린도후서 6 : 9~10을 생각하며)

6) 생전부귀 사후문장(生前富貴 死後文章)

'생전부귀 사후문장(生前富貴 死後文章)'은 소동파의 시에 나오는 문구다. 살아서는 부귀를 누린다지만, 죽어서는 문장을 남겨야 한다는 말이다.

필자는 강의시간에 '시인은 죽을 준비를 가장 잘하는 사람이다.' '떨어진 꽃잎은 꽃씨를 품고 있어야 한다.'라고 강조하곤 한다. 여기서 '죽을 준비'란 보람 있는 일생을 장식하기 위한 '알찬 족적 남기기'이며, '떨어진 꽃잎'은 한철이 지나 물러난 자, '꽃씨'는 '아름답게 남긴 족적'을 의미한다. 소위 족적론(足跡論)과 관련된 이런 지론은 '어떻게 하면 보람 있게 남은 인생을 살아갈까' 라는 화두로 귀결된다. 그러기에 그 실천 양상은 웰빙(Well-being)에서, 웰다잉(Well-dying), 웰에이징(well-aging)으로 진전된다.

'웰에이징'은 '보람 있게 늙어가기(나이 먹기)'의 뜻을 지니고 있다. 호랑이는 죽어서 가죽을 남기고 사람은 죽어서 이름을 남긴다는데, 그러기 위해선 남은 여생 문인은 후회 없이 웰에이징의 삶을 살아야 하지 않겠는가?

'행백리자 반어구십(行百里者 半於九十)'이란 말이 있다. 백리 길을 가는 사람은 구십 리를 반으로 여겨야 한다'는 뜻으로, 유향(劉向)이 저술한 『전국책(戰國策)』의 진책무왕편(秦策武王篇)에서 유래한 말이다. '시작이 반이다', '천릿길도 한 걸음부터' 라는 말이 첫 출발의 의미를 강조했다면 이 말은 유종의

미 즉, 마무리의 중요성을 강조한 말이다. '은퇴하다'의 영문 표기는 "Retire"인데 "타이어를 갈아 끼우다"라는 새 출발의 의미가 담겼다. 하나의 존재 가치로서 문인정신에 입각한 참 인생의 의미를 되돌아볼 수 있는 귀한 말씀들이다.

7) 앙천불괴(仰天不愧), 경천애인(敬天愛人)

맹자의 군자삼락에 "우러러 하늘에 부끄러움이 없고 구부려 사람에게 부끄럽지 않은 것이 두 번째 즐거움이라 하였다(仰不愧於天 俯不怍於人 二樂也).

부모형제가 무고한 것도 중요하고, 천하의 영재를 얻어 교육하는 것도 중요하지만, 선비는 스스로의 수신(修身)에 더 힘써야 할 것이다. 선비인 난고(蘭皐) 김병연이 가족사의 욕됨이 부끄러워 하늘을 가리기 위해 삿갓을 쓰고 다녔다는 일화는 선비의 양심과 수치가 얼마나 뼈저린가를 생각하게 한다. 또 일제에 철저히 항거하지 못한 윤동주가 시를 통하여 스스로 하늘을 우러러 부끄럽다고 표현한 것도 선비다운 양심에서 우러나온 것이다. 그러기에 유가(儒家)에서는 '인의예지(仁義禮智)' 덕목을 통치철학으로 삼고 하늘처럼 받들어 왔지 않는가! 지금도 이 네 가지 덕목에 어긋나게 행동하는 저급한 사람들에겐 "싸가지"(4가지의 속어) 없다"라고 질타하고 있다.

하늘을 우러러 부끄럽다고 하는 말은 경천애인(敬天愛人) 사상과 관련이 있다. 하늘이 무서운 것을 알면 부끄러운 언행을 삼가게 되니, 이웃에 조심하고 남을 사랑하게 된다. 남을 존중하는 것이 신사도이며 선비정신이다. 그러기에 명심

보감에서도 '남이 나를 존중해 주기를 바란다면, 내가 먼저 남을 존중해야 한다'(若要人重我 無過我重人)라고 경계하고 있다.

8) 구시화지문(口是禍之門) 설시참신도(舌是斬身刀)

저주(詛呪)의 말은 화가 되어 돌아오고 덕담(德談)은 복이 되어 돌아온다. 그래서 『명심보감』에는 '입은 재앙의 문이요, 혀는 몸을 베는 칼'이라고 하였다(口是禍之門 舌是斬身刀) 재앙은 입으로부터 나오는 것(禍從口出)이기 때문에 말수는 적게, 행동은 조심스럽게 신중히 해야 한다. 말 많은 사람은 자주 궁지에 몰리는데(多言數窮), 그래서 그런 사람에게 "가만히 있으면 중간이나 가지(不如守中)"라고 나무라기도 한다.

"남의 작은 과실을 책하지 말며(不責人小過), 남의 사생활을 들춰내지 말며(不發人陰私), 남의 구악을 생각하지 말아야 한다(不念人舊惡)"라는 말은 문인들에게 아주 절실한 금언이다. 뒤에서 시기질투 하는 못된 언행 때문에 문단이 갈라진다.

삼가는 것, 이것은 몸을 지키는 부적과도 같다(慎是護身之符). 인간 사회의 모든 것은 다 말에서 비롯된다. 극기복례(克己復禮) 하지 못하고 분(憤)을 참지 못한 입술에는 사탄이 타고 있어 이성을 잃게 하고 재앙을 불러오게 되니, 특히 문인 간에도 말조심 입조심에 전심을 다해야 된다.

> 풍랑이 심히구나 흔들리는 이 지축
> 이훌랑은 열지 마오 입방정이 구렁인 걸
> 十(십자)를 ×(엑스)로 본다면 그대 입은 지옥문.
> — 효봉, 「설화(舌禍)」 전문

이 단시조는 말조심의 필요성을 강조하고 있다. 열십자를 긍정적 이미지로, 엑스자를 부정적 이미지로 내세워 시적 분위기를 드러내면서, 말을 함부로 하거나 말 많은 사람들에게 정곡을 찌르고 경계심을 부여해 주고 있어 교훈성이 짙다.

우리의 현실을 돌아볼 때, 함부로 내뱉은 말 한마디 때문에 세상은 시끄럽고 당사자는 구렁텅이 속에 빠져서 허우적거리며 헤어 나오기 어려운 경우가 허다하다. 말은 건전하고 맑고 밝게, 늘 긍정적 태도로 표현해야 한다. 십자가(十)도 삐딱하게 보는 이에겐 엑스(×)로 보인다. 매사를 부정적으로 보지 말고 좋은 말, 밝은 말로 긍정적인 사고를 지녀야 어지러운 현실도 천국으로 변모해 가리라.

9) 사무사(思無邪), 대인 적자지심(大人 赤子之心)

공자는 '사무사(思無邪)'를, 맹자는 '대인 적자지심(大人 赤子之心)'을 강조하였다. 시는 사특함이 없어야 하고, 군자는 어린이다운 순수성이 있어야 한다는 의미다. 성경에도 '어린이다운 순수성이 없으면 천국에 들어갈 수 없다'라고 하였다. 글을 쓸 때도 사특함을 멀리하고 평범 속에 진실이 발견되는 순수성이 있어야 한다. 그래서 공자께서는 글을 쓸 때, 난해하거나 괴이하거나 귀신스런 것을 피하라고 '불어괴력난신(不語怪力亂神)'이라 말씀하셨다.

10) 군자지교 담약수(君子之交淡若水) 소인지교 감약례(小人之交甘若醴)

장자는 "군자의 사귐은 물같이 담담하고 소인의 사귐은 단술 같이 달콤하다"라고 하였다. 군자의 사귐은 오래될수록 더 신뢰가 깊어져 상대방을 존경하게 된다. 소인의 사귐은 이기적이고 시간이 짧고 달콤하다. 처음부터 교언영색(巧言令色)으로 달라붙는 사람을 조심해야 한다. 그러기에 명나라 말 육소형은 "군자의 사귐은 선담후농(先淡後濃 : 처음엔 담담하게 나중에 진하게), 선소후친(先疎後親 : 처음엔 거리 두고 나중엔 친하게), 선원후근(先遠後近 : 처음엔 멀리 나중엔 가깝게)하는 것이 교우지도(交友之道)"라고 하였다. 이러한 사귐의 도리를 염두에 두고 선비는 문인간의 상호 교유에 신중을 기해야 할 것이다.

5. 맺음말

성공한 사람들의 특징은 무슨 일이든지 긍정적으로 생각하고, 수기치인(修己治人)하면서 최선을 다한다. 생각의 차이가 신분의 차이를 불러온다. 삼인행(三人行)이면 필유아사(必有我師)라 했는데, 나보다는 남을 귀히 여기며, 선비 된 이는 잘난 체 하지 말고, 오히려 어리석은 체 하는 게 좋으며, 자기수행을 게을리 하지 말고 남몰래 학문에 힘쓰고 마음을 비우며, 허황된 욕심은 버려야 한다.

곱게 물든 단풍은 봄꽃보다 더 예쁘고, 떨어진 꽃잎은 꽃씨를 품고 있어야 한다. 문인의 도리와 선비정신으로 무장하고 아름다운 글과 언행으로 족적을 남기는 것은 이 시대 문인들의 사명이다. 분망 중에 쓴 이 부족한 글이, 문인들의 정진 수행에 조금이라도 도움이 되었으면 하고 소망해 본다.

산벚꽃 필 무렵

이광녕 시조·시선집

초판 1쇄 인쇄 · 2025년 4월 25일
초판 1쇄 발행 · 2025년 4월 30일

지은이 · 이 광 녕
펴낸이 · 김 영 만
주 간 · 이 현 실

펴낸곳 · **지성의샘**
등록번호 · 2011. 6. 8. 제301-2011-098호

주 소 · 서울시 중구 을지로 14길 16-11 (2층)
편집부 · 02) 2285-0711
영업부 · (02) 2285-2734
팩 스 · (02) 338-2722
이메일 · gonggamsa@hanmail.net

ⓒ 2025. 이광녕, Printed in Korea

값 20,000원
ISBN 979-11-6391-083-1

* 파본 및 잘못된 책은 서점에서 교환해 드립니다.